Ich bin mit meinem Latein noch lange nicht am Ende!

Impressum

Gisela Frense & Dagmar da Silveira Macêdo
Modernes Latein für unterwegs – Wort für Wort
erschienen im
REISE KNOW-HOW Verlag Peter Rump GmbH
Osnabrücker Str. 79, D-33649 Bielefeld
info@reise-know-how.de

1. Auflage 2004

Bearbeitung & Layout Claudia Schmidt
Layout-Konzept Günter Pawlak, FaktorZwo! Bielefeld
Umschlag Peter Rump (Titelfoto: Christian Ritterbach)
Illustrationen Stefan Theurer
Druck & Bindung Wilhelm & Adam, Heusenstamm; Buchbinderei Keller, Fulda

ISBN 3-89416-351-8
Printed in Germany

Dieses Buch ist erhältlich in jeder Buchhandlung der BRD, Österreichs, der Schweiz und der Benelux. Bitte informieren Sie Ihren Buchhändler über folgende Bezugsadressen:
BRD Prolit GmbH, Postfach 9, 35461 Fernwald (Annerod) sowie alle Barsortimente
Schweiz AVA-buch 2000, Postfach 27, CH-8910 Affoltern
Österreich Mohr Morawa Buchvertrieb GmbH, Sulzengasse 2, A-1230 Wien
Belgien & Niederlande Willems Adventure, Postbus 403, NL-3140 AK Maassluis
direkt Wer im Buchhandel kein Glück hat, bekommt unsere Bücher zuzüglich Porto- und Verpackungskosten auch direkt beim Verlag oder über unseren Internet-Shop:
www.reise-know-how.de
Zu diesem Buch ist ein **Tonträger** erhältlich, ebenfalls in jeder Buchhandlung der BRD, Österreichs, der Schweiz und der Benelux.
Der Verlag möchte die **Reihe Kauderwelsch** weiter ausbauen und **sucht Autoren**!
Mehr Informationen finden Sie auf unserer Internetseite
www.reise-know-how.de/buecher/special/schreiblust-inhalt.html

Kauderwelsch

Gisela Frense &
Dagmar da Silveira Macêdo

Modernes Latein für unterwegs

Wort für Wort

Kauderwelsch-Sprechführer sind anders!

Warum? Weil sie Sie in die Lage versetzen, wirklich zu sprechen und die Leute zu verstehen.

Wie wird das gemacht? Abgesehen von dem, was jedes Sprachbuch bietet, nämlich Vokabeln, Beispielsätze etc., zeichnet sich dieser Kauderwelsch-Band durch folgende Besonderheiten aus:

Alle Beispielsätze werden doppelt ins Deutsche übertragen: zum einen **Wort-für-Wort**, zum anderen in „ordentliches" Hochdeutsch. So wird das fremde Sprachsystem sehr gut durchschaubar. Denn in einer fremden Sprache unterscheiden sich z. B. Satzbau und Ausdrucksweise recht stark vom Deutschen. Ohne diese Übersetzungsart ist es so gut wie unmöglich, schnell einzelne Wörter in einem Satz auszutauschen.

Kauderwelsch-Sprechführer sind keine Lehrbücher, aber viel mehr als Sprachführer! Wenn Sie ein wenig Zeit investieren und einige Vokabeln lernen, werden Sie mit ihrer Hilfe in kürzester Zeit schon Informationen bekommen und Erfahrungen machen, die „taubstummen" Reisenden verborgen bleiben.

Dieses Buch, der erste Band und Konversationsteil der Kauderwelsch-Ausgabe „Latein", ermutigt zur Verständigung auf **Latein als Lingua franca** und **liefert Ideen, einen „modernen" lateinischen Wortschatz zu bilden.**

Er richtet sich besonders an diejenigen, die bereits einige Kenntnisse in Latein (oder einer anderen romanischen Sprache) mitbringen.

Der sonst übliche Grammatikteil entfällt hier zugunsten der Konversation, und das Buch enthält lediglich einen **grammatikalischen Anhang** mit den wichtigsten Tabellen zur Deklination und Konjugation (nur regelmäßige Nomen und Verben), auf die sich die Angaben in den Wörterlisten beziehen.

Das **Basiswissen** zur Grammatik wird im Kauderwelsch Band 176, **„Latein – Wort für Wort"** vermittelt.

Modernes Latein ist eine lebendige Weltsprache – man muss sie nur sprechen!

Inhalt

Konversation

Anhang

Wenn du doch geschwiegen hättest ...!

Vorwort

Dachten Sie auch, Latein sei eine tote Sprache? Überzeugen Sie sich hier vom Gegenteil! Latein macht Spaß, ist lebendig und aktuell. Es ist die Muttersprache unserer abendländischen Kultur und in allen Wissenschaften weltweit aktuell: eine Sprache, mit der sich Arzt und Jurist, Theologe, Physiker und Informatiker - die Liste lässt sich leicht fortsetzen - absolut treffsicher verständigen können. Versuchen Sie mal, auch im Alltag die Wörter lateinischen Ursprungs wegzulassen (wenn Sie sie überhaupt als solche erkennen) ... Ihre Rede würde zwangsläufig ins Stocken geraten! Unsere Weltsprachen Englisch, Französisch, Spanisch, Portugiesisch und Italienisch basieren auf Latein. Wer Latein kann, lernt nicht nur diese Sprachen fast spielerisch, sondern ist von vornherein in Ländern, in denen sie gesprochen werden, nicht völlig verloren, weil er viele Wörter sinngemäß versteht. Und schon jetzt können Sie mehr, als Sie denken!

Erleben Sie Latein „hautnah" mit dem aktuellen lateinischen Wortschatz von „Atombombe" bis „Zwischenmahlzeit" und brandaktuellen Themen, wie „Steuerreform" und „Praxisgebühr"! Alles in allem ein Sprechführer, der Sie mitreden lässt und beweist: Latein lebt!

Carpe diem! „Nutze den Tag!"

Hinweise zur Benutzung

Der vorliegende Band enthält einen **grammatikalischen Anhang** *mit den wichtigsten Tabellen zur Deklination und Konjugation (nur regelmäßige Nomen und Verben), auf die sich die Angaben in den Wörterlisten beziehen. Das Basiswissen zur Grammatik wird im Kauderwelsch „Latein" vermittelt.*

Der Kauderwelsch-Band „Modernes Latein für unterwegs" beinhaltet einen umfangreichen Konversationsteil und eine Wörterliste.

In der **Konversation** finden Sie Sätze aus dem Alltagsgespräch, die Ihnen einen Eindruck davon vermitteln sollen, wie Latein „funktioniert". Jede Sprache hat ein typisches Satzbaumuster. Um die sich vom Deutschen unterscheidende Wortfolge der lateinischen Sätze zu verstehen, ist die **Wort-für-Wort-Übersetzung** in kursiver Schrift gedacht. Wird *ein* lateinisches Wort im Deutschen durch *zwei* Wörter übersetzt, werden diese in der Wort-für-Wort-Übersetzung mit einem Bindestrich verbunden. Durch einen Schrägstrich werden alternative Varianten gekennzeichnet. Die hochgestellten Zahlen (von 2-6) geben den jeweiligen Fall an, in dem ein Wort gebeugt ist. Abkürzungen und Wörter in runden Klammern geben einen zusätzlichen Hinweis (s. „Abkürzungen" in der Umschlagklappe), wenn die Form im Deutschen nicht eindeutig ist. Bei Hinweisen auf alternative maskuline und feminine Formen (Substantive, Adjektive und Partizipien) ist darauf zu achten, ob es sich beim Subjekt um eine männliche oder weibliche Person handeln soll. Ist im nebenstehenden Beispielsatz die angesprochene Person weiblich, wird die feminine Form (hier: nāta) verwendet.

Quota est hōra?
wievielte(f) ist Stunde
Wie viel Uhr ist es?

Habēsne marītum?
hast-? Ehemann⁴
Bist du verheiratet?

Domum eō.
Haus⁴ gehe(-ich)
Ich gehe nach Hause.

Quandō nātus/nāta es?
wann geboren(m/f) bist
Wie alt bist du?

In der Wort-für-Wort-Übersetzung ließen sich vor allem die lateinischen Adjektive nicht immer durch ein deutsches Adjektiv übersetzen. So ist man möglicherweise geneigt, z. B. oleārius einfach mit „ölig" zu übersetzen, was natürlich nicht den Kern trifft, wenn man es mit der ductus oleārius (Ölleitung) zu tun hat, denn diese Leitung ist nicht „ölig", sondern „für Öl" gedacht. Diese Beispiele lassen sich beliebig fortsetzen. Viele lateinische Adjektive, die von einem entsprechenden Substantiv abgeleitet sind, haben wir deshalb lieber semantisch interpretiert (cerasina *„mit-Kirschen"*, vermicūlatā *„wurmförmig"*) oder ihren attributiven Gebrauch durch einen Bindestrich hinter dem Substantiv gekennzeichnet (nummāria *„Münzen-"*), wie es auch in Wörterbüchern üblich ist, oder aber durch Hinzufügen von *„-betreffend"*, *„-geeignet"*, *„zu-...-gehörig"*, weil die Bildungsweise dadurch anschaulicher wird. Bei all diesen Umschreibungen handelt es sich meistens um Adjektive. Insofern konnte die Wort-für-Wort-Übersetzung nicht immer streng „wörtlich" durchgeführt werden. Wiederum andere Vokabeln haben wir latinisiert – wie es übrigens schon im Mittelalter bzw. im Kirchenlatein vielfach Usus war und ist.

Mit Hilfe der Wort-für-Wort-Übersetzung können Sie bald eigene Sätze bilden. Sie können die Beispielsätze als Fundus von Satzschablonen und -mustern benutzen, die Sie Ihren eigenen Bedürfnissen anpassen. Ca. 1500 aktuelle Wörter hält die **Wörterliste** dafür bereit.

Die **Umschlagklappe** *hilft, die wichtigsten Sätze und Formulierungen stets parat zu haben. Aufgeklappt ist der Umschlag eine wesentliche Erleichterung, da nun die gewünschte Satzkonstruktion mit dem gewünschten Vokabular aus den einzelnen Kapiteln kombiniert werden kann!*

ratiō nummāria
System Münzen-
Währung

aula sōlāris
Halle Sonne-betreffend
Solarium

pasta vermiculāta
Nudeln wurmförmige
Spaghetti

officīna atomica
Werkstatt atomare
Atomkraftwerk

Latein ist tot. – Es lebe Latein!

Tröstlich für alle Lernenden: Schon zur klassischen Zeit unterschied sich das gesprochene Latein, das so genannte Vulgärlatein, vom geschriebenen literarischen.

Wenn wir heute allgemein von „Latein" sprechen, dann meinen wir das Fach in der Schule, das uns in Form des Latinums die Türen zu einem Studiengang öffnet. Es beschränkt sich meistens auf das Latein einer eigentlich recht kurzen Epoche, der so genannten Goldenen Latinität. Man zählt dazu Werke aus der Zeit um 100 v. Chr. bis in etwa um die Zeit nach dem Tode des Kaisers Augustus um 14 n. Chr. Diese Epoche hat einige hervorragende Redner, Politiker und Dichter hervorgebracht, die es verstanden haben, ihre Anliegen meisterlich in Worte zu packen, und die ihre Sprache zu einem kunstvollen Ausdrucksmittel entwickelten.

Ursprünglich ist Latein nichts weiter als ein Dialekt, gesprochen in einem kleinen Dorf, von dem aus es seinen Siegeszug als Muttersprache aller romanischen Sprachen antritt. Die Römer sind ein streitlustiges Volk, und so folgt die Verbreitung der Sprache der Eroberung von Städten und Provinzen durch die römischen Legionen.

Das Lateinische kristallisiert sich immer klarer in deutlich unterscheidbare Dialekte, die sich langsam aber sicher zu den heute als „romanisch" bezeichneten Sprachen differenzieren: Französisch, Spanisch, Portugiesisch, Rumänisch und natürlich Italienisch (hier gibt es noch die meisten Ähnlichkeiten zur

Muttersprache). Veränderungen in der Sprache nehmen im Laufe der Zeit so stark zu, dass sie sich nicht mehr unter dem Begriff Latein zusammenfassen lassen. – Wir fragen uns schmunzelnd, ob der Begriff Deutsch nicht auch etwas zu ungenau ist für die diversen (für uns teilweise unverständlichen) Dialekte unserer Muttersprache.

Wissenschaftler datieren das Ende des gesprochenen Lateins (als Umgangssprache) auf den Zeitraum zwischen 500-600 n. Chr. Durch die Jahrhunderte hindurch bleibt Latein aber die Sprache der Wissenschaft, denn fast alle Naturwissenschaftler, Kirchenväter (Theologen), Philosophen und Diplomaten verwendeten Latein als Basis ihrer Kommunikation bis ins 19. Jahrhundert. Aktiv genutzt wird Latein heute noch im Kirchenstaat Vatikan.

Das, was heute gemeinhin an Gymnasien und in universitären Schnellkursen unterrichtet wird, beschränkt sich auf die so genannten Klassiker dieser Zeit. Deren Latein – zwar bestechend durch Logik und anregend für einen kreativen Geist – ist eine Sprache, zu der viele Schüler oftmals nur schwer einen Zugang finden. Dieses Latein ist eine Schriftsprache, von klugen Köpfen an Schreibtischen erdacht!

Latein ist immer eine Sprache in Entwicklung gewesen, und es erscheint uns absurd, diese wandlungsfähige Sprache auf das erste vor- und das erste nachchristliche Jahrhundert zu beschränken. Eine moderne Weltsprache sollte sprechbar und alltagstauglich sein. Der Vatikan macht es uns vor: Latein wird hier ganz selbstverständlich gesprochen.

Auch in anderen Bereichen durchdringt das lateinische Erbe unseren Alltag. So ist z. B. das Latinum zwar an vielen Hochschulen keine Voraussetzung mehr für Rechtswissenschaften, die Juristen handeln aber immer noch nach den lateinischen (römischen) Rechtsgrundsätzen. Wer kennt nicht in dubiō prō reō

Latein ist tot. – Es lebe Latein!

Latein „steckt“ in vielen Namensschöpfungen der Werbung:

„im Zweifel für den Angeklagten“? Latein lebt auch in unserem Kalender, den wir von den Römern übernommen haben.

Aspirin	→	**aspīrāre** (günstig sein, beistehen) – Medikament
Audi	→	**audī!** (horch!) – Firmengründer hieß Herr Horch
Continental	→	**continēns** (fortlaufend) – Autoreifenmarke
Domestos	→	**domus** (Haus) – Haushaltsreiniger
Lavamat	→	**lavāre** (waschen) – Waschmaschinenname
Lux	→	**lūx** (Licht) – Seife
Nivea	→	**niveus/nivea/niveum** (schneeweiß, klar) – Creme
Penaten	→	**penātēs** (Schutzgötter des Hauses) – Creme
Sana	→	**sānā** (heile!/mach-gesund!) – Kaffeemarke
Semperit	→	**semper it** (es geht immer) – Autoreifenmarke
Servus	→	**servus** (Diener/Sklave) – Name f. Toilettenpapier
Vernell	→	**vērnus** (frühlingshaft) – Weichspüler
Volvo	→	**volvō** (ich rolle) – Automarke

Latein wird im Vatikan für offizielle Anlässe benutzt und weiterentwickelt und den modernen Bedürfnissen angepasst.

Wie aktuell die lateinische Grammatik sein kann, beweist nicht nur der Gebrauch der grammatischen Ausdrücke aus dem Lateinischen, den man für viele Sprachen übernommen hat, sondern auch die Tatsache, dass wir unsere Muttersprache sehr viel besser durchschauen, wenn wir Latein lernen. Außerdem ist der Erwerb jeder weiteren Fremdsprache wesentlich erleichtert, z. B. beim Verstehen der fremden Grammatik, beim Erlernen der Vokabeln usw.

Nihilōminus (last but not least): Latein ist völkerverständigend und international: Es ist unwichtig, aus welchem Land Sie stammen. Wie bei jeder anderen Sprache auch können Sie sich mit jemandem, der ebenfalls Latein gelernt hat, verständigen. Versuchen Sie es!

Mit ein bisschen Übung werden Sie die Lebendigkeit dieser Sprache am besten selbst erfahren können. Es wäre doch spannend, wenn Sie irgendwann mit einem Franzosen (die sprechen ja nicht gerne Englisch), einem Kanadier und vielleicht einem Inder bei einem rumänischen Kneipier auf Latein ein Bier bestellen können ...

Der moderne Wortschatz

Um den vorliegenden Wortschatz Modernes Latein zusammenzustellen, haben wir uns, soweit es ging und es uns sinnvoll erschien, auf bewährte Wörterbücher, wie Stowasser, Langenscheidt und Klett, bezogen. Besonders hilfreich für moderne Vokabeln war Christian Helfers „Lexicon auxiliare". Wörter, die wir in keinem Wörterbuch fanden, die aber in unserem heutigen Vokabular eine alltägliche und wichtige Rolle spielen, sind Eigenkreationen. Die Bildungsweise orientiert sich an der auch für andere Sprachen üblichen. Ein Beispiel: CD (also *Compact Disc*) ist ursprünglich Englisch und heißt wörtlich „kompakte" bzw. „gedrängte Scheibe". Um so nah wie möglich an einer einfachen Wortbildung und gleichzeitig an moderner Sprachbildung zu sein, nahmen wir also die lateinischen Wörter discus und compāctus, und so entstand in modernem Latein discus compāctus, was wörtlich „Scheibe zusammengefügt/-gedrängt/hineingedrängt" heißt.

Die **Wörterlisten** *im Anhang des Buches enthalten einen modernen Grundwortschatz mit einem aktuellen Vokabular von ca. 1500 Wörtern „Deutsch – Modernes Latein".*

Seitenzahlen

Auf jeder Seite wird die Seitenzahl auch auf Latein und zusätzlich mit römischen Zahlen angegeben!

Durch die Wort-für-Wort-Übersetzung ist die Herleitung der Bildungsweise transparent und für jeden logisch nachvollziehbar.

dt.	**Mobiltelefon**	**Festplatte**	**Mehrwertsteuer (MwSt.)**
engl.	**mobile phone**	**hard disk**	**value added tax (VAT)**
	mobiles Telefon	*harte Platte*	*Wert hinzugefügter Steuer*
frz.	**(téléphone) portable**	**disque dur**	**taxe à valeur ajoutée (T.V.A.)**
	(Telefon) tragbares	*Platte harte*	*Steuer mit dem Wert hinzugefügter*
lat.	**tēlephōnum portābile**	**discus dūrus**	**vectīgal valōris adiūnctī (VVA)**
	Telefon tragbares	*Platte harte*	*Abgabe Wert² hinzugefügter²*

Latein als Lingua franca

Latein lebt! – Haben Sie daran noch Zweifel?

Fast wundert man sich, dass Latein nicht als Weltsprache gesprochen wird. Welche Sprache, wenn nicht Latein, bietet sich an, eine völkerverständigende Sprache zu sein? Wozu eine erfinden, wenn sie schon da ist? Sie werden leichter jemanden finden, der Latein in der Schule gelernt hat, als jemanden, der Esperanto kann. Wie viele andere befürworten wir ein modernes Latein und mischen uns ein – eine Provokation für jeden Altphilologen? Wir verwenden Sprache wie eine Sprache, nämlich, indem wir sie sprechen. Vielleicht würden Sie das eine oder andere aktuelle Wort anders übersetzen wollen? Tun Sie's! Mischen Sie mit! Sprache entwickelt sich. Und wer soll uns unseren Wunsch verdenken: das Entstehen einer neuen Sprechergemeinschaft, die modernes Latein als eine Lingua franca ansieht und damit seine Alltagstauglichkeit beweist.

Aussprache & Betonung

Die Aussprache des Lateinischen hat sich im Laufe der Zeit mehrfach geändert. Auch im Lateinunterricht unserer Zeit ist die Aussprache von Land zu Land unterschiedlich und richtet sich nach den Normen des jeweiligen Landes, obwohl die an das Italienische angelehnte Aussprache der Kirche in viele Sprachen eingeflossen ist.

Wir folgen hier der Aussprache, wie sie zur Zeit Caesars und Ciceros gesprochen wurde. Grundsätzlich gilt: Man spricht die Wörter aus, wie sie geschrieben werden!

Von Land zu Land gibt es Differenzen in der Aussprache. Sie können bei Verständigungsproblemen ihre Aussprache der jeweiligen Landessprache anpassen. Bei Eigennamen ist das Usus.

Vokale & Diphtonge

a	wie in „**la**chen"
	lapis (Stein)
o	kurz wie „o" in „**o**ffen"
	locus (Ort)
e	kurz wie in „R**e**chen"
	repetō (ich wiederhole)
ā	wie in „L**a**ge"
	māter (Mutter)
ō	wie in „l**o**ben"
	pōmus (Obstbaum)
ē	wie in „l**e**gen"
	vērus (wahr)

Vermutlich wurden die Vokale ähnlich wie im Deutschen ausgesprochen: kurze Vokale als offene Laute und lange Vokale als geschlossene.

Die Diphtonge (im Deutschen „ä, ö, ü, eu, äu, au"), werden als Doppelvokale in einer Silbe ausgesprochen und sind lang: ae wird gesprochen wie „a+i“, oe wie „o+i“, eu wie „e+u“, au wie „a+u“.

ae	wie „a-inikma“ **aenigma** (das Rätselhafte)
eu	wie „e-uropa“ **Eurōpa** (Europa)

Lange Vokale sind immer mit Querbalken gekennzeichnet. Dies erleichtert die Aussprache und ermöglicht außerdem die Einsicht in grammatische Bezüge (z. B. Verbstamm). Nicht extra bezeichnete Vokale werden kurz ausgesprochen.

Konsonanten

Bei c *folgen wir der Aussprache, die wohl zur Zeit zwischen 100 v. Chr. und 100 n. Chr. üblich war, nämlich* c *auch vor* e, i, y *und* ae, oe, eu *wie ein stimmloses* k *auszusprechen, da diese Aussprache auch in Schulen üblich ist.*

c	immer wie „k“ in „Kind“ **cantāre** (singen) „kantare“
ch	wird als Verschlusslaut wie „k+h“ ausgesprochen **schola** (Schule) „skhola“
i	vor Vokal wie „j“ (Reibelaut), sonst „i“ **iam** (schon) „jam“ **Iūlius** (Julius, Eigenname) „julius“
s	ist stimmlos wie „ß“ in „heißen“ **sacerdōs** (Priester) „ßakerdos“
sp, st	wie „s+p“ und „s+t“, nicht „schp/scht“ **speciēs** (Aussehen, Art) „s-peki-es“ **stimulus** (Anreiz) „s-timulus“
ti	immer wie „t+i“, nicht „z“ **ratiō** (vernünftiges Denken)

u	nach **ng, q** und **s** wird das **u** wie das englische „w" in „what" gesprochen (Halblaut zwischen „u" und „w") **unguentum** (Salbe) „unguentum" **Quaestor** (Finanzbeamter) „quaistor"
v	wie deutsches „w" in „Wasser" **Vārus** (P. Quintilius Varus, römischer Feldherr) „warus"
z	wie „d" + stimmhaftes „s" wie in „Rundsaal" **zuchara** (Zucker) „dsukara"

Betonung

Zweisilbige Wörter, z. B. tempus (Zeit), werden immer auf der 1. Silbe betont. Bei drei- und mehrsilbigen Wörtern gilt: Die vorletzte Silbe wird betont, wenn sie lang ist (= langer Vokal, Doppelvokal, positionslang). Wenn diese Silbe kurz ist, wird die drittletzte Silbe betont.

Lange Silben sind Silben mit einem lang ausgesprochenen Vokal, einem Doppelvokal oder einem kurzen Vokal (!) vor zwei Konsonanten; in diesem Fall spricht man von „Positionslänge".

maledīcō (ich beschimpfe) Die vorletzte Silbe -dī ist lang, also wird sie betont.
Tarentum (Tarent), **rotundus** (abgerundet) Das kurze e/u wird aufgrund der Stellung vor zwei Konsonanten lang ausgesprochen, die zweite Silbe ist deshalb positionslang und wird betont.
maledīcere (schmähen, beschimpfen) Die vorletzte Silbe -ce ist kurz, also wird die drittletzte betont (-dī).

Wörter, die weiterhelfen

Mit den folgenden Formulierungen und Satzbausteinen können Sie sich auch schon ohne größere Grammatikkenntnisse orientieren. Floskeln stehen in der Umschlagklappe.

In die Lückensätze können Sie passende Wörter einsetzen. Falls diese gebeugt werden müssen, steht der Hinweis auf den geforderten Fall in runden Klammern.

Habēsne/habētisne ...? (+4)
hast-?/habt(-ihr)-? ...
Hast du / haben Sie ...?

Indigeō ... (+2)
benötige(-ich) ...
Ich brauche ...

Dā mihī, quaesō, ...! (+4)
gib mir[3], bitte(-ich), ...
Geben Sie mir bitte ...!

Quaerō ... (+4)
suche(-ich) ...
Ich möchte ...

Quam longē est ad ...? (+4)
wie weit(Adv) ist(-es) zu ...
Wie weit ist es nach/zu ...?

Ubī est/sunt ...?
wo ist/sind ...
Wo ist/sind ...?

taberna [1] **medicāmentāria** *Laden für-Heilmittel*	Apotheke
stati|ō [3, -ōnis] (f) **ferriviāria** *Standort Eisenwege-*	Bahnhof
stati|ō [3, -ōnis] (f) **autoraedārum longārum** *Standort Eigenantrieb-Wagen(pl)[2] lange(pl)[2]*	Bushaltestelle
āëroport|us [4, -ūs] (m) *Lufthafen*	Flughafen
valētūdinārium [2]	Krankenhaus
forum [2]	Marktplatz
supervēnālicium [2] *Superwarenladen*	Supermarkt
taxiraeda [1] *(Taxier-Wagen)*	Taxi

Quandō ... aperītur/aperiuntur?
wann ... aufgeschlossen-wird/-werden(-sie)
Wann ist/sind ... geöffnet?

Quandō ... clauditur/clauduntur?
wann ... geschlossen-wird/-werden(-sie)
Wann wird/werden ... geschlossen?

Vēneuntne hīc ...? (+2/+5)
verkauft-werden(-sie)-? hier ...
Gibt es hier ...?

Etiam./Nōn.
auch/nicht
Ja./Nein.

Falls Sie sich am Anfang noch nicht mit der Deklination (also den Fällen) auseinandersetzen wollen, können Sie die Wörter vorerst ungebeugt einsetzen. Verstehen wird man Sie wahrscheinlich trotzdem.

Quota est hōra?
wievielte(f) ist Stunde
Wie viel Uhr ist es?

Hōra sexta est.
Stunde sechste ist
Es ist sechs Uhr.

Achtung, jetzt wird im 5. Fall gebeugt:

Tertiā (hōrā).
dritte[5] (Stunde[5])
Um drei Uhr.

Quantī cōnstat hoc?
wieviele(pl) kostet dieses
Wie viel kostet das?

Hoc octōgintā monētīs Eurōpaeīs cōnstat.
dieses achtzig Münzen[5] europäische[5] kostet(-es)
Das kostet 80 Euro.

Du treulose Tomate! – He, altes Haus! Du hast auch schon mal besser ausgesehen!

Begrüßen & Verabschieden

Am besten begrüßt/verabschiedet man sich mit salvē oder avē und Vornamen. Im Alten Rom war es üblich, schon von weitem die Hand auszustrecken und den rechten Zeigefinger zu heben (digitus salūtāris „Grußfinger“).

Avē! / Salvē!
sei-gegrüßt
Sei gegrüßt!/
Guten Tag!

Avēte! / Salvēte!
seid-gegrüßt
Seid gegrüßt!
Guten Tag!

Heus!
Hallo!

Salvē et tū?
sei-gegrüßt und du
Sei auch du gegrüßt! *(Antwort)*

Bonum māne/diem/vesperum (precor)!
guten[4] Morgen[4]/Tag[4]/Abend[4] (bitte(-ich))
Guten Morgen/Tag/Abend!

Bonam noctem (precor)!
gute[4] Nacht[4] (bitte-(ich))
Gute Nacht! *(beim Schlafengehen)*

Bene/optimē valē!
gut(Adv)/sehr-gut(Adv) leb-wohl
Auf Wiedersehen! *(für eine Person)*

Valē! / Valēte!
leb-wohl / lebt-wohl
Auf Wiedersehen! *(für eine/mehrere Personen)*

Die Alten Römer gaben sich nicht die Hand zur Begrüßung. Der bei uns beliebte Händedruck wurde aber wohl bei besonderen Gelegenheiten, z. B. nach einem langen Wiedersehen oder bei großer Sympathie verwendet. In der Kaiserzeit galt es in der Oberschicht als schick, sich mit Kuss und/oder Umarmung zu begrüßen.

Namen & Anrede

Im Alten Rom wurden Kinder oft durchnummeriert (v. a. bei Mädchen: Prīma, Secunda, Tertia), die Namen konnten sich auch auf körperliche/geistige Besonderheiten anspielen.

praenōm|en [3, -inis] (n)	Vorname
nōm|en [3, -inis] (n) **(gentīle)** *Name (Geschlechts-)*	Sippen-/Familienname
cōgnōm|en [3, -inis] (n)	Bei-/Spitz-/Ehrenname
cōgnōm|en [3, -inis] (n) **ioculāre** *Beiname scherzhaft*	Spitzname
hom|ō [3, -inis] (m) **eōdem nōmine** *Mensch derselbe[5] Name[5]*	Namensvetter

Möchte man einen typisch deutschen Namen latinisieren, könnte man das so machen:

Man kann Eigennamen auch mit den lateinischen Endungen der a-/o-*Deklination versehen, wie es z. B. bei neu entdeckten Pflanzen* (Bougainvillea) *und Städtenamen üblich ist:* Studgardia *(Stuttgart),* Roterodamum *(Rotterdam),* Vismaria *(Wismar),* Passavium *(Passau) etc.*

Iōannetta Pāgānus	Jeanette Biedermann
Theoderīcus Rēgulae	Dieter Bohlen (Regula heißt „Schiffsplanke/Bohle“)
Pulcher Pontēs	Beau Bridges (amerikan. Schauspieler)
G. W. Frutex	G. W. Bush
Iōannis Stultus	Johnny Depp
Albertus Ūnuslapis	Albert Einstein
Josephus Piscātor	Joschka Fischer
Georgius Musca	Jürgen Fliege
Ursula Vitrum	Uschi Glas
Th. Joculātordeī	Th. Gottschalk
Thomas Morus	Thomas More
A. Nigerarātor	A. Schwarzenegger
Alicia Nigriōra	Alice Schwarzer
Britanna Hastae	Britney Spears

Es gibt im Lateinischen keine Unterscheidung von Du und Sie: Man duzt sich. Wenn Sie meinen, etwas mehr Respekt zollen zu müssen, ergänzen Sie Ihre Anrede durch folgenden Zusatz:

domine!	**domina!**	**dominula!**
Herr!	Dame!	Fräulein!

Wenn man jemanden mit Namen anredet, steht der Name im 6. Fall (Vokativ), der sich allerdings nur bei maskulinen Wörtern Sg der o-Deklination vom Nominativ durch die Endung -e (statt -us) unterscheidet (s. S. 128).

Floskeln & Redewendungen

Mit den folgenden Floskeln beweist man, dass man sich schon besser mit Latein auskennt. Das Zauberwörtchen „bitte" wird mit quaesō übersetzt:

bitten

Quaesō! *bitte(-ich)*	Bitte!
Id tē ōrō! *das[4] dir[5] ersuche(-ich)*	Ich bitte dich/Sie darum!
Dā mihī, quaesō, ...! *gib mir[3], bitte(-ich), ...*	Bitte gib/geben Sie mir ...!
Adiūvā mē, quaesō! *hilf mich[4], bitte(-ich)*	Hilf/helfen Sie mir, bitte!
Hīc, accipe/accipite, quaesō! *hier, nimm/nehmt, bitte(-ich)*	Hier, bitte nimm/nehmt/ nehmen Sie!

danken

Eō grātiās tibī agō! *es^{5} Danke(pl)^{4} dir^{3} gebe(-ich)*	Ich danke dir dafür!
Grātiam tibī habeō. *Dank^{4} dir^{3} habe(-ich)*	Ich bin dir dankbar.
(Multās) grātiās! *(viele^{4}) Danke(pl)^{4}*	(Vielen) Dank!
Benīgnē! *sehr-gütig(Adv)*	Danke!
Sī placet! *wenn gefällt(-es)*	Gern geschehen!
Sit gaudium meō nōmine! *sei(-es) Freude mein^{5} Name^{5}*	Ganz meinerseits!

hoffen, wünschen

Deō grātia sit! *Gott^{5} Dank sei(-er)*	Gott sei Dank!
Spērō! *(hoffe-ich)*	Hoffentlich!
Bene sit tibī! *gut(Adv) sei(-es) dir^{3}*	Alles Gute!
Bene tibī! *(gut(Adv) dir^{3})*	Gesundheit!
Sit iter laetum! *sei(-sie) Reise fröhlich*	Gute Reise!

sich entschuldigen

Īgnōsce (mihī)! *verzeih (mir^{3})*	Entschuldigung!
Mē excūsō! *mich^{4} entschuldige(-ich)*	Ich entschuldige mich.
Petō ā tē, ut mihī īgnōscās. *bitte(-ich) von^{+5} dir^{5}, dass mir^{3} mögest-verzeihen*	Ich bitte dich/Sie um Verzeihung.
Sit venia verbō! *sei(-es) Erlaubnis Wort^{3}*	Man verzeihe den Ausdruck.
Bonā cum veniā ... *gut^{5} mit^{+5} Erlaubnis^{5} ...*	Mit gütiger Erlaubnis ...
Venia sit dictō ... *Erlaubnis sei(-es) Gesagte^{3} ...*	Mit Verlaub ...

Das erste Gespräch

Wo findet man Menschen, mit denen man Latein sprechen kann? Es wird weltweit unterrichtet, also lautet die Antwort: überall! Besonders natürlich dort, wo es gebraucht wird: in Wissenschaft und Forschung, vor Gericht, beim Arzt, in der Kirche. Ihre Chancen stehen gut an einer Universität, in einem Chemiekonzern, an einer archäologischen oder geologischen Ausgrabungsstätte, in der Gemeinde, an einem Gymnasium oder auch in einer Werbeagentur fündig zu werden.

Fängt man an zu suchen, wird man erstaunt sein, wie viele Menschen Latein in der Schule gelernt haben. Und nicht selten trifft man auf Menschen, bei denen man es gar nicht vermutet. Z. B. ist ein Bekannter von uns Bäcker und hat ein ausgesprochen gutes Basiswissen.

Nōvistīne (etiam) Latīnē?
kennengelernt-hast-? (auch) lateinisch(Adv)
Können Sie (auch) Latein?

Latinum antīquitātis igitur (in gymnasiō) didicī, sed loquī ... nesciō.
Latein⁴ Antike² also (in⁺⁵ Gymnasium⁵) gelernt-habe, aber sprechen ... nicht-weiß(-ich)
Na ja, ich habe das Latinum, aber sprechen ... kann ich nicht.

Quid nōmen tibī est?	**Nōmen mihī est ...**
welcher Name dir³ ist(-er)	*Name mir³ ist(-er) ...*
Wie heißt du/heißen Sie?	Mein Name ist ...

Quōmodo appellāris?	**Lisa sum.**
welche-Art genannt-wirst	*Lisa bin(-ich)*
Wie heißt du/heißen Sie?	Ich bin Lisa.

Wenn Sie wirklich niemanden finden sollten, mit dem Sie Latein sprechen können, dann fahren Sie nach Rom, zum Vatikan, und besuchen Sie dort den einzigen Staat der Welt, in dem die offizielle Sprache (neben Italienisch) auch heute noch Latein ist.

Iuvat mē tē/vōs cōgnōscere!
erfreut(-es) mich⁴ dich⁴/euch⁴ kennenlernen
Ich bin erfreut, Sie/euch kennen zu lernen.

Libenter meō nōmine!
gern mein⁵ Namen⁵
Ganz meinerseits!

Gaudium omnīnō mihī est.
Freude gänzlich(Adv) mir³ ist(-sie)
Die Freude ist ganz auf meiner Seite.

Informell werden auch folgende Formulierungen gebraucht:

Quōmodo appellāris?
welche-Art genannt-wirst
Wie heißt du/heißen Sie?

Valēsne?
lebst-wohl-?
Geht's gut?

Quid agīs?
was tust(-du)
Wie geht's? / Was machst du so?

Bene! Bene mē habeō! Et tū?
gut(Adv), gut(Adv) mich⁴ befinde(-ich), und du
Gut! Es geht mir gut! Und selbst?

Unde venis?
woher kommst
Woher kommst du?

Unde venistis?
woher gekommen-seid
Woher seid ihr?

Germāniā.
Deutschland⁵
Aus Deutschland.

Germānus/Germāna sum.
deutscher(m)/deutsche(f) bin
Ich bin Deutscher/-e.

tabula [1] **terrārum** *Tafel Länder*[2]	Länderliste
Āfrica [1]	Afrika
Arabia [1]	Arabien
Terra [1] **Austrālis** *Land südliches*	Australien
Belgium [2]	Belgien
Brasilia [1]	Brasilien
Sīn|ae [1, -ārum] (f pl)	China
Germānia [1]	Deutschland
Anglia [1]	England
Finnia [1]	Finnland
Georgia [1]	Georgien
Graecia [1]	Griechenland
Britannia [1] **Māgna** *Britannien großes(f)*	Großbritan- nien
India [1]	Indien
Mesopotamia [1]	Irak
Persia [1]	Iran
Hibernia [1]	Irland
Iud|ae [1] (f pl)	Israel
Italia [1]	Italien
Iapōnia [1]	Japan
Canada [1]	Kanada
Insulae [1] **Fortunatae** *Inseln gesegnete(pl)*	Kanarische Inseln
Lapponia [1]	Lappland
Lituania [1]	Litauen
Luxemburgum [2]	Luxemburg
Nova Zēlandia [1] *neues Seeland*	Neuseeland
Hollandia [1], **Terra** [1] **Batāvōrum** *Land Batavier(pl)*[2]	Niederlande
polus [2] **arcticus**	Nordpol

Norvegia [1]	Norwegen
Austria [1]	Österreich
Polonia [1]	Polen
Lusitānia [1]	Portugal
Russia [1]	Russland
Scotia [1]	Schottland
Suetia [1]	Schweden
Helvētia [1]	Schweiz
Hispānia [1]	Spanien
Āfrica [1] **Austrālis** *Afrika südliches*	Südafrika
polus [2] **antarcticus**	Südpol
Turcia [1]	Türkei
Hungāria [1]	Ungarn
Foederātae Cīvitātēs [3] (f pl) **Americae** *verbündete Staaten Amerika*[2]	USA
India [1] **Occidentalis** *Indien westliches*	Westindien

tabula [1] **urbium** *Tafel Städte*[2]	Städteliste
Berolinum [2]	Berlin
Zeacoll|is [3, -is] (f)	Dinkelsbühl
Dusseldorpium [2]	Düsseldorf
Francofordia [1] **ad** **Moenum**	Frankfurt am Main
Glasgua [1]	Glasgow
Londinium [2]	London
Mancunium [2]	Manchester
Monachium [2]	München
Novum Eborācum [2]	New York
Rōma [1]	Rom
Herbipol|is [3, -is] (f) (Name ist 1614 erstmals erwähnt)	Würzburg

Quamdiū manēre velīs?
wie-lange bleiben willst
Wie lange bleibst du?

Hīc ex duōbus diēbus sum.
hier seit zwei[5] Tage[5] bin
Ich bin seit zwei Tagen hier.

Etiam ūnam hebdomadam manēre velim.
noch eins[4] Woche[4] bleiben möchte(-ich)
Ich bleibe noch eine Woche.

Placetne hīc tibī/vōbis?
gefällt(-es)-? hier dir[3]/euch[3]
Gefällt es dir/Ihnen/euch hier?

Certē, hīc pulcherrimum est.
gewiss(Adv), hier sehr-schön ist(-es)
Ja, es ist wunderschön.

Novum Eborācum *(New York):* Eborācum *ist ein ehemaliger militärischer Stützpunkt der Römer, das heutige York.*

Ita nōn est, valdē strepēns et hecticum est.
so nicht ist(-es), sehr lärmend und hektisch ist(-es)
Nein, es ist sehr laut und hektisch.

In dēversōriō/hospitiō/apud amīcos habitō.
in[+5] Gasthaus[5]/Herberge[5]/bei[+4] Freunde[4] wohne
Ich wohne im Hotel/in einer Pension/bei Freunden.

Quid hīc facis/facitis?
was[4] hier machst/macht(-ihr)
Was machst du /macht ihr hier?

Labōrō!
arbeite(-ich)
Ich arbeite!

Peregrīnātiōne voluptāriā sum.
Auslandsreise[5] Vergnügen[5] bin
Ich mache Urlaub.

Mercātor sum.
Kaufmann bin
Ich bin Geschäftsmann.

Amīcos/familiam vīsito.
Freunde[4]/Famile[4] besuche(-ich)
Ich besuche Freunde/Familie.

Iter mūnerē faciō!
Reise[4] Dienst[5] mache(-ich)
Ich bin auf einer Dienstreise.

Trānsiēns sum. / Trānsiēntēs sumus!
durchziehender(m+f) bin / durchziehende(pl) sind(-wir)
Ich bin / wir sind auf der Durchreise.

Quid facis ex professō?
was[4] machst von[+5] berufsmäßig[5]
Was machst du beruflich?

Quam professiōnem habēs?
welchen[4] Beruf[4] hast
Als was arbeitest du?

Meum proprium negōtium agō.
mein[4] eigenes[4] Geschäft[4] führe(-ich)
Ich bin selbstständig.

Studiōsa academica sum.
wissbegierige(f) akademische(f) bin
Ich bin Studentin.

acadēmicus [2]/**acadēmica** [1] *zur-Akademie-gehörig(m/f)*	Akademiker/-in
fūnctiōnārius [2]/**fūnctiōnāria** [1] *Ausführender(m)/Ausführende(f)*	Angestellter/-e
operārius [2]/**operāria** [1]	Arbeiter/-in
medicus [2]/**medica** [1]	Arzt/Ärztin
astronauta [1] (m) *Stern-Schiffer*	Astronaut
astronaut|is [3, -īdis] (f) *Stern-Schifferin*	Astronautin
physicus [2] **nuclēaris** *Naturforscher (Atom-)Kern-betreffend*	Atomphysiker
docta [1] **perīta physicae atomicae** *Gelehrte erfahrene Naturkunde[2] atomare[2]*	Atomphysikerin

Berufe

Da physica *„Physik" bedeutet, lässt sich die weibliche Form „Atomphysikerin" nur umschreibend übersetzen.*

Von pistor *(Bäcker) lässt sich keine weibliche Form bilden, die „Bäckerin“ bedeutet, da* pistrīx *„Meeresungeheuer“ bedeutet!*

auct|or [3, -ōris] (m+f) *Urheber*	Autor/-in
pist|or [3, -ōris] (m)	Bäcker
fēmina [1] **pistōria** *Frau backen-betreffend*	Bäckerin
officiāl|is [3, -is] (m+f)	Beamter/-in
scholae professioīnalis discipulus [2] *Schule[2] beruflich[2] Schüler*	Berufsschüler
bursārius intercēdēn|s [3, -tis] (m+f) *Börse-betreffend Bürgender*	Börsenmakler /-in
tabellārius [2]/**tabellāria** [1] *Briefbote/Briefbotin*	Briefträger/-in
phōtographus [2] *Lichtbildmaler*	Fotograf
fēmina [1] **phōtographica** *Frau Lichtbildmalerei-betreffend*	Fotografin
tōns|or [3, -ōris] (m)	Friseur (Barbier)
tōnstr|īx [3, -īcis] (f) *Haarschererin*	Friseurin
mercāt|or [3, -ōris] (m) *Kaufmann*	Geschäftsmann
mercātr|īx [3, -īcis] (f) *Kauffrau*	Geschäftsfrau
lycēī discipulus [2] *höhere-Schule[2] Schüler*	Gymnasiast
scholae prīmāriae discipulus [2] *Schule[2] eine-der-ersten[2] Schüler*	Hauptschüler
domisedus [2]/**domiseda** [1] *zu-Hause-sitzend(m+f)*	Hausmann/-frau
artif|ex [3, -icis] (m+f) **īnfōrmātiōnis** *Künstler Erläuterung-betreffend[2]*	Informatiker/-in
ingeniārius [2] *Festungsbaumeister*	Ingenieur

fēmina [1] **ingeniāria** *Frau Festungsbau-betreffend(f))*	Ingenieurin
diurnārius [2]/**diurnāria** [1] *Tagesberichteschreibender/-e*	Journalist/-in
dispēnsāt|or [3, -ōris] (m) **ēmptōrum cardinālium** *Verwalter Käufer(pl)² Haupt-²*	Key Accounts Manager
aegrōrum minist|er [2, -rī] (m) *Kranken(pl)² Diener(sg)*	Krankenpfleger
aegrōrum ministra [1] *Kranken(pl)² Dienerin*	Kranken-schwester
artif|ex [3, -icis] (m+f)	Künstler/-in
agricola [1]/**fēmina** [1] **rūstica** *Landmann/Frau Land-*	Landwirt/-in
magist|er [2, -rī] (m)	Lehrer
magistra [1]	Lehrerin
pict|or [3, -ōris] (m)	Maler
pictr|īx [3, -īcis] (f)	Malerin
mūsicus [2]	Musiker
artif|ex [3, -īcis] (f) **mūsica** *Künstlerin Musik-betreffend*	Musikerin
āëronauta [1] (m) *(Luftschiffer)*	Pilot
āëronaut|is [3,-dis] (f)	Pilotin
profess|or [3, -ōris] (m) *öffentlicher-Lehrer*	Professor
profestr|īx [3, -īcis] (f) *öffentliche-Lehrerin*	Professorin
fēmina [1] **pūrgātr|īx** [-īcis] *Frau reinigende(f)*	Putzfrau
scholae mediae discipulus [2] *Schule² mittlere² Schüler*	Realschüler
sēcrētārius [2] *Geheimbeauftragter*	Sekretär
sēcrētāria [1] *Geheimbeauftragte*	Sekretärin
discipulus [2]/**discipula** [1]	Schüler/-in

Tauschen Sie die Bezeichnungen, in denen discipulus *vorkommt, jeweils durch* discipula [1] *aus, erhalten Sie die weibliche Form „Schülerin".*

Für Film und Bühne auch noch interessant: der Ausdruck scaenicae aptitūdinis explōrāti|o [3, -ōnis] (f) *(„die-Bühne-betreffende[2] Eignung[2] Erkundung") für „Casting".*

studiōsus [2] **acadēmicus** [2] *wissbegierig(m) akademisch(m)*	Student
studiōsa [1] **acadēmica** [1] *wissbegierige(f) akademische(f)*	Studentin
praeclārus scaenārius artif|ex [3, -icis] (m) *sehr-berühmter Bühne-betreffender Künstler*	Superstar (m)
praeclāra scaenāria artif|ex [3, -icis] (f) *sehr-berühmte(f) Bühne-betreffende(f) Künstlerin*	Superstar (f)
taxiraedārius [2] *Taxi-Fahrender*	Taxifahrer
taxiraedāria [1] *Taxi-Fahrende(sg)*	Taxifahrerin
māchinārius [2]/**māchināria** [1] *Maschinen-Bauender/ Maschinen-Bauende*	Techniker/-in
fab|er [2, -rī] (m)	Tischler
fabr|īx [3, -īcis] (f)	Tischlerin
peregrīn|āns [3, -antis] (m+f) *Reisender/Reisende(f,sg)*	Tourist/-in
vendit|or [3, -ōris] (m)	Verkäufer
venditr|īx [3, -īcis] (f)	Verkäuferin
hom|ō [3, -inis] (m) **scientiae** *Mann Wissenschaft[2]*	Wissenschaftler
fēmina [1] **scientiae** *Frau Wissenschaft[2]*	Wissenschaftlerin

Beachten Sie: occupātus *sagt ein Mann,* occupāta *hingegen eine Frau.*

Nōn occupātus/-a sum.
nicht beschäftigt(m/f) bin
Ich bin arbeitslos.

Sine opere sum.
ohne[+5] Arbeit[5] bin
Ich bin arbeitslos.

In valētūdināriō / in argentariā labōrō.
in[+5] Krankenhaus[5] / in[+5] Bank[5] arbeite(-ich)
Ich arbeite im Krankenhaus / in der Bank.

Cūrātor cautiōnum sum et contractūs assēcūratiōnum vendo.
Bevollmächtigter Versicherungen[2] bin und Verträge Versicherungen[2] verkaufe
Ich bin Versicherungskaufmann und verkaufe Versicherungspolicen.

Disciplīnā īnstrūmentōrum commūnicātiōnis sum.
Einrichtung[5] Mittel[2] Verständigung[2] bin
Ich bin in der Medienbranche.

Sōlitārius/sōlitāria iter facis?
alleinstehend(m/f) Reise[4] machst
Reist du allein? *(zu Mann/Frau)*

Quandō nātus/nāta es?
wann geboren(m/f) bist
Wie alt bist du? *(zu Mann/Frau)*

Ad ēmissōrium tēlevīsificum labōrō.
bei[+4] Sender[4] Fernsehen[4] arbeite
Ich arbeite beim Fernsehen.

Sum hīc cum marītō meō.
bin hier mit[+5] Mann[5] mein[5]
Ich bin hier mit meinem Mann.

Annum ūndētrīcēsimum agō.
Jahr[4] eins-vor-dreißigstes(n)[4] stehe
Ich bin 29 (Jahre alt).

Habēsne marītum?
hast-? Ehemann[4]
Bist du verheiratet?
(zur Frau)

Nūpta nōn sum.
Ehefrau nicht bin
Ich bin ledig.
(sagt Frau)

Habēsne nūptam?
hast-? Ehefrau[4]
Bist du verheiratet?
(zum Mann)

Marītus nōn sum.
Ehemann nicht bin
Ich bin unverheiratet.
(sagt Mann)

Das Adjektiv cael|ebs [-ibis] *wird nur vom Mann gebraucht!*

Ita nōn est, caelebs sum!
so nicht ist(-es), ledig(m) bin
Nein, ich bin ledig. *(sagt Mann)*

Dīvortiō dīgressus/dīgressa sum!
Scheidung[5] getrennt(m/f) bin
Ich bin geschieden. *(sagt Mann/Frau)*

Sēiūnctus/sēiūncta sum!
getrennt(m/f) bin
Ich lebe getrennt. *(sagt Mann/Frau)*

Habēsne līberōs?
hast-? Kinder[4]
Hast du Kinder?

Certē, līberōs habeō.
gewiss, Kinder[4] habe(-ich)
Ja, ich habe Kinder.

Nōn ita, līberōs nōn habeō.
nicht so, Kinder[4] nicht habe(-ich)
Nein, ich habe keine Kinder.

Zeit & Datum

Unser heutiger Kalender basiert auf der Kalenderreform Papst Gregors XIII. im Jahre 1582, er geht zurück auf Caesars julianischen Kalender aus dem Jahre 45 v. Chr. Davor begann das Jahr mit dem Monat März.

temp|us [3, -oris] (n)	Zeit
di|ēs [5, -ēī] (f), **datum** [2]	Datum
di|ēs [5, -ēī] (m) **fēstus** *Tag feierlich*	Feiertag
di|ēs [5, -ēī] (m) **profēstus** *Tag nicht-festlich/gewöhnlich*	Werktag

di|ēs [5, -ēī] (m) **hebdomadālis**	*Tag Woche-*	Wochentag
septimāna [1]	*Woche*	Woche
Lūnae di|ēs [5, -ēī] (m)	*Luna² Tag*	Montag
Mārtis di|ēs [5, -ēī] (m)	*Mars² Tag*	Dienstag
Mercūriī di|ēs [5, -ēī] (m)	*Merkur² Tag*	Mittwoch
Iovis di|ēs [5, -ēī] (m)	*Jupiter² Tag*	Donnerstag
Veneris di|ēs [5, -ēī] (m)	*Venus² Tag*	Freitag
Saturni di|ēs [5, -ēī] (m)	*Saturn² Tag*	Samstag
Sōlis di|ēs [5, -ēī] (m)	*Sol² Tag*	Sonntag

Wochentage

Das Substantiv diēs *hat zwei Genera: In der Bedeutung „Tag" ist* diēs *maskulinum, in der Bedeutung „Datum/Termin" ist* diēs *femininum.*

mēns|is [3, -is] (m)	Monat
mēnsēs	Monate
Iānuārius [2]	Januar
Februārius [2]	Februar
Mārtius [2]	März
Aprīlis [2]	April
Maius [2]	Mai
Iūnius [2]	Juni
Iūlius [2]	Juli
Augustus [2]	August
September [2] (m)	September
Octōber [2] (m)	Oktober
November [2] (m)	November
December [2] (m)	Dezember

Monatsnamen

Die Monatsnamen sind eigentlich Adjektive, die sich nach ihrem Bezugswort mēnsis *(Monat) richten. Unser Monat November ist nach dem neunten Monat des römischen Kalenders benannt* (novem *„neun").*

Wir wollen hier eine (nicht nur) in der gesamten westlichen Welt vertraute, moderne Datumsangabe ins Lateinische übersetzen und benutzen daher nicht die komplizierte Zählweise der Alten Römer. Wir sagen also nicht Īdibus Mārtius („an den Iden des März" = 15. März), sondern benutzen die Ordnungszahlen. Die Angabe der Zeit (am .../um...) steht dann im 5. Fall (Ablativ).

Bei Jahreszahlen/ Tagesangaben werden im Lateinischen Ordnungszahlen (keine Grundzahlen wie im Deutschen) benutzt. – Bekannt ist sicherlich, dass Caesar an den Iden des März (15. März) des Jahres 44 v. Chr. ermordet wurde.

diē quīntō decimō (mēnsis) Martiī
Tag[5] fünfter[5] zehnter[5] (Monat[2]) März[2]
am 15. März

mēnse Aprīlī
Monat[5] April[5]
im Monat April

annō post Chrīstum nātum bis mīllēsimō
Jahr[5] nach[+4] Christus[4] geboren[4] zweimal tausendste[5]
im Jahre 2000 nach Christus

Feiertage

annus [2] **novus** *Jahr neues*	Neujahr
di|ēs [5, -ēī] (m) **paschālis** *Tag österlich*	Ostern
pentēcost|ē [3, -ēs] (f) *50.-Tag-nach-dem-Passahfest*	Pfingsten
nātālis di|ēs [5, -ēī] (m) **Dominī** *Geburts- Tag Herr[2]*	Weihnachten

Jahre & Jahreszeiten

temporis spatium [2] *Zeit[2] Strecke*	Zeitspanne
annus [2]	Jahr
saeculum [2]	Jahrhundert
cardinēs [3, card|ō, -inis] (m pl) **temporum** *Wendepunkte Zeiten(pl)[2]*	Jahreszeiten
vēr [3, vēris] (n)	Frühling
primō vēre *anfangs(Adv) Frühling[5]*	zu Frühlingsbeginn
aestā|s [3, -tis] (f)	Sommer
autumnus [2]	Herbst
hiem|s [3, -is] (f)	Winter

allgemeine Zeitangaben & Tageszeiten

hodiē	heute
herī	gestern
nudiūs tertius *nun-Tag(Adv) dritter*	vorgestern
nudiūs quārtus *nun-Tag(Adv) vierter*	vorvorgestern
crās	morgen
perendiē	übermorgen
hodiē post merīdiem *heute nach Tagesmitte*[4]	heute Nachmittag
hodiē vesperī *heute abends(Adv)*	heute Abend
crās māne/vespere *morgen früh*[5]*/abends(Adv)*	morgen früh/Abend
ante merīdiem *vor Tagesmitte*[4]	am Vormittag
haec/proxima septimāna *diese/nächste Woche*	diese/nächste Woche
post quīnque diēs *nach fünf Tagen*	in fünf Tagen

Uhrzeit

Der Römer hatte ein wesentlich entspannteres Verhältnis zur Zeit als wir. Kein Wunder, eine Zeiteinteilung in Minuten und Sekunden gibt es erst seit dem Spätmittelalter. 263 v. Chr. erhielt die Stadt Rom ihre erste Sonnenuhr: hōrologium sōlārium.

secunda [1]	Sekunde
minūta [1]	Minute
hōra [1]	Stunde

Die Angabe der Uhrzeit in Stunden, Minuten und Sekunden wollen wir hier nach römischer Tradition mit Ordnungszahlen und nicht mit Kardinalzahlen wie bei uns vornehmen.

Die in vielen südlichen Ländern praktizierte Siesta stammt aus der Römerzeit: Um die hōrā sextā *(sechste Stunde) machte man Mittagspause, das war die Mittagsstunde, also 12 Uhr nach unserer Zeit.*

In römischer Zeit begann man den Tag mit der hōra prīma *(erste Stunde), das war im Winter gegen 8 Uhr und im Sommer gegen 5 Uhr nach unserer Zeitrechnung. Die Römer teilten den Tag von Sonnenaufgang bis Sonnenuntergang in zwölf Stunden ein. Wegen der unterschiedlichen Tageslänge der verschiedenen Jahreszeiten waren die Stunden im Sommer länger, im Winter kürzer.*

Quota est hōra?
wievielte(f) ist Stunde
Wie viel Uhr ist es?

Quid hōrae est?
wieviel[+2] Stunde[2] ist
Wie spät ist es?

Prīma (hōra) est.
erste (Stunde) ist
Es ist ein Uhr.

Tertiā (hōrā).
dritte[5] (Stunde[5])
Um drei Uhr.

Ad quam hōram mē abdūcēs?
zu[+4] welche[4] Stunde[4] mich[4] wegführen-wirst
Wann holst du mich ab?

Ad decimam (hōram) tē abdūcam!
zu[+4] zehnte[4] (Stunde[4]) dich[4] wegführen-werde(-ich)
Um zehn (Uhr) hole ich dich ab!

hōrā [1] **prīmā** *Stunde[5] erste[5]*	um 1 Uhr
hōrā [1] **duodecimā** *Stunde[5] zwölfte[5]*	um 12 Uhr
hōrā [1] **decimā et dōdrante** *Stunde[5] zehnte[5] und drei-Viertel[5]*	um Viertel vor 11 (10.45 h)
hōrā ūndēvīcēsimā et quadrante *Stunde[5] neunzehnte[5] und Viertel[5]*	um Viertel nach sieben (19.15 h)
hōrā tertiā decimā minūtā tricesimā *Stunde[5] dritte[5] zehnte[3] Minute[5] dreißigste[5]*	um halb zwei (13.30 h)
media nox [3, noctis] (f) *mittlere Nacht*	Mitternacht
mediā nocte *mittlere[5] Nacht[5]*	um Mitternacht

Zu Gast sein

Wenn man in einem fremden Land unterwegs ist, wenn man eingeladen wird, ist es immer sehr nützlich, ein paar höfliche Floskeln parat zu haben. Das öffnet in der Regel Tür und Herz. Oft reichen ein paar Worte/Sätze, die das Eis zum Schmelzen bringen.

Wenn man die jeweilige Landessprache nicht beherrscht, einfach mal auf Latein probieren! Ein Tipp: Wenn man wegen der Aussprache nicht gleich verstanden wird, lohnt es sich, das was man sagen möchte, aufzuschreiben, denn oft wird man wegen der unterschiedlichen Aussprache nicht gleich verstanden. Der Stamm des Wortes ist jedoch für Menschen mit romanischen und oft auch mit englischen Sprachkenntnissen erkennbar.

Im Alten Rom kam die Einladung nach Hause der allgemeinen Vorstellung eines „Gelages" ziemlich nahe. Man(n) lag(!) im trīclinium *(Esszimmer) auf einer der drei* lectī *(Liegen), die um die* mēnsa *(Tisch) angeordnet waren. So eine Party war meistens reine Männersache: Frauen und Kinder nahmen, wenn überhaupt, höchstens sitzend am Gastmahl teil.*

invītāti|ō [3, -ōnis] (f)	Einladung
convīvāt|or [3, -ōris] (m)	Gastgeber
cōmissāti|ō [3, -ōnis] (f)	Trinkgelage
apophorēt|a [2, -ōrum] (n pl)	Geschenke (für die Gäste)

Heus, intrā/intrāte!
hallo, eintrete/-t(pl)
Hallo, komm/-t rein!

Ut valēs/valētis?
wie lebst/lebt(-ihr)
Wie geht es dir/euch?

Bene est mihī/nōbīs!
gut(Adv) ist mir[3]/uns[3]
Es geht mir/uns gut!

Bene mē habeō!
gut(Adv) mich[4] habe
Es geht mir gut.

Im Alten Rom war es ausdrücklich erwünscht, wenn geladene Gäste noch jemanden mitbrachten, das waren dann die umbrae *(Schatten), also die „Überraschungsgäste".*

Hoc mē beat!
dieses mich[4] beglückt(-es)
Das freut mich!

Beās nōs!
erfreust(-du) uns[4]
Das freut uns!

Tē vidēre gaudeō.
dich[4] sehen freue-mich(-ich)
Ich freue mich, dich zu sehen.

Benīgnē!
sehr-gütig(Adv)
Danke!

Mēcum aliquem / meam sorōrem addūxī.
mir-mit[5] jemand[4] / meine[4] Schwester[4] mitgebracht-habe
Ich habe noch jemanden / meine Schwester mitgebracht.

Das Verb agere *geht mit anderen Wörtern feste Verbindungen ein, die nicht mit der Grundbedeutung „handeln" zu übersetzen sind. Es kommt also immer auf den Kontext an.*

Grātiās tibī prō invītātiōne agō!
Danke(pl)[4] dir[3] für[+5] Einladung[5] ausdrücke(-ich)
Vielen Dank für die Einladung!

Da die Römer im Liegen tafelten, heißt es:

Discumbe!
dich-zu-Tisch-leg
Setz dich!

Discumbite!
euch-zu-Tisch-legt
Setzt euch!

Assīde/assīdite, quaesō!
setz-dich/setzt-euch, bitte(-ich)
Nehmen Sie bitte Platz! *(modern ausgedrückt)*

Valē, amīce!
leb-wohl, Freund[6]
Tschüss! *(an 1 Person)*

Valētis, amīcī!
lebt-wohl, Freunde[6]
Tschüss! *(ab 2 Pers.)*

Redewendungen rund ums Thema „Essen" findet man im Kapitel „Essen & Trinken".

Familie & Verwandtschaft

Liceatne tibī adducere aliquem?
erlaubt-sei-? dir[3] zuführen jemanden[4]
Darf ich dir jemanden vorstellen?

Ea est māter mea.
sie ist Mutter meine(f)
Dies ist meine Mutter.

Is est pater meus.
er ist Vater mein
Dies ist mein Vater.

familia [1]	Familie, Hausgenossenschaft
pat|er [3, -ris] (m) **familiās** *Vater Hausgenossenschaft[2]*	Familienvater
pat|er [3, -ris] (m)	Vater
māt|er [3, -ris] (f)	Mutter
parent|ēs [3, -um] (m pl)	Eltern
lact|ēns [3, -entis] (m/f)	Baby
īnf|āns [3, -antis] (m+f)	Kind, Kleinkind
līber|ī [2, -ōrum] (m pl)	Kinder
pu|er [2, -erī] (m)	Junge
puella [1]	Mädchen
fīl|ius [2, -iī] (m)	Sohn
filia [1]	Tochter
vir [2, virī] (m)	Mann (nicht Ehe-)
fēmina [1]	Frau (nicht Ehe-)
muli|er [3, -ēris] (f)	Frau (erwachsene, nicht Ehe-)
marītus [2]	Ehemann
ux|or [3, -ōris] (f)	Ehefrau
frāt|er [3, -ris] (m)	Bruder
sor|or [3, -ōris] (f)	Schwester
avus [2]	Großvater
avia [1]	Großmutter
cōnsobrīnus [2]	Cousin
cōnsobrīna [1]	Cousine

Für männliche Tiere verwendet man die Geschlechtsangabe masculus [2] *(Männchen), für weibliche Tiere* fēmina [1] *(Weibchen, auch für „Frau“).*

patruus [2]	Onkel (väterlichers.)
avunculus [2]	Onkel (mütterlichers.)
amita [1]	Tante (väterlicherseits)
mātertera [1]	Tante (mütterlichers.)
affīn|is [3, -is] (m)	Schwager
affīn|is [3, -is] (f)	Schwägerin
fīlius [2] **frātris/sorōris** *Sohn Bruder[2]/Schwester[2]*	Neffe
fīlia [1] **frātris/sorōris** *Tochter Bruder[2]/Schwester[2]*	Nichte
socer|ī [2, -ōrum] (m pl)	Schwiegereltern
gen|er [2, -erī] (m)	Schwiegersohn
nur|us [4, -ūs] (f)	Schwiegertochter

Religion

Seit einem Erlass des Zweiten Vatikanischen Konzils in den 60er-Jahren (im 20. Jahrhundert) wird die lateinische Liturgie meistens durch eine Messe in der jeweiligen Landessprache ersetzt. Trotzdem ist Latein die offizielle Sprache der katholischen Kirche. Es gibt deshalb einen Ort, an dem Sie mit absoluter Sicherheit mit Ihrem Latein nicht am Ende sind: Vatikanstadt. Im kleinsten Staat der Welt ist Latein neben Italienisch Amtsspra-

che. Hier wird Latein nicht nur geschrieben bzw. übersetzt, sondern auch fließend gesprochen.

orāre [1]	beten
episcopus [2]	Bischof
precāti|ō [3, -ōnis] (f)	Gebet
parochia [1]	Gemeinde
fid|ēs [5, -eī] (f)	Glaube
crēd|ere [3, -ō, -idī, -itum]	glauben
Deus [2]	Gott
domus [2] **deī**	Gotteshaus
Haus Gott²	
sanctus	heilig
Spiritus [2] **Sanctus**	Heiliger Geist
Geist heiliger	
caelum [2]	Himmel
sperāre [1]	hoffen
spēs [5, speī] (f)	Hoffnung
loc|a [2, -ōrum] (n pl) **inferna**	Hölle (Unterwelt)
Gegend(pl) unterirdische(pl)	
capella [1]	Kapelle
ecclēsia [1] **cathedrālis**	Kathedrale
Kirche bischöfliche	
ecclēsia [1]	Kirche
monasterium [2]	Kloster
missa [1]	Messe
monachus [2]	Mönch
monacha [1]	Nonne
templum [2]	Tempel
pāpa [1] (m)	Papst
frāt|er [2, -ris] (m)	Pater
sacerdō|s [3, -tis] (m)	Priester
peccātum [2]	Sünde
peccāre [1]	sündigen

Kurz vor Weihnachten ist es besonders empfehlenswert, dem Heiligen Stuhl einen Besuch abzustatten; dann kann man besonders viele Lateiner antreffen. Die Stiftung Latinitas lockt mit dem alljährlich stattfindenden Latein-Wettbewerb. Neben dem Bestaunen von Theaterstücken und Reden werden Sie sicherlich genug Zeit finden, Ihren ersten Smalltalk zu führen und Gleichgesinnte zu treffen.

atheus [2]
Atheist
buddhista [1] (m)
Buddhist
christianus [2]
Christ
hinduista [1, -ae] (m)
Hinduist
muslimus [2]
Moslem
catholicus [2]
Katholik

Quandō missa incohābitur?
wann Messe angefangen-wird(-sie)
Wann beginnt die Messe?

Ad religionem redīre velim.
zu+4 Religion4 zurückkehren möchte(-ich)
Ich möchte konvertieren.

Cōnfitērī velim.
beichten möchte(-ich)
Ich möchte beichten.

Mīrāculum ēvenit!
Wunder geschehen-ist
Das ist ein Wunder!

Politik & Co.

SPQR steht für Senātus Populusque Rōmānus und ist das antike Hoheitszeichen des römischen Staates. Man findet es noch heute auf staatlichem Eigentum der Stadt Rom, z. B. auf Kanaldeckeln, offiziellen Anzeigetafeln oder auf Wagen der städtischen Müllabfuhr.

sociālis exaequāti|ō [3, -ōnis] (f) *gesellige Gleichstellung*	Anpassung, gesellschaftliche
petīt|or [3, -ōris] (m)	Antragsteller
sēd|ēs [3, -is] (f) **opificibus assūmendīs** *Sitz Arbeiter(pl)5 aufzunehmende(pl)5*	Arbeitsamt
auxilium [2] **opificum opere carentium** *Hilfe Arbeiter2 Arbeit5 nicht-habend2*	Arbeitslosengeld
bomba [1] **atomica** *Bombe atomare*	Atombombe
officīna [1] **atomica** *Werkstatt atomare*	Atomkraftwerk
bellum [2] **atomicum** *(Krieg atomarer)*	Atomkrieg

incrēmentum [2] **oeconomicum** *Wachstum wirtschaftlicher*	Aufschwung
sēd|ēs [3, -is] (f) **ministrī rērum externārum** *Sitz Diener² Angelegenheiten(pl)² externe(pl)²*	Außenministerium
Mēnsa [1] **Pūblica Foederālis (Germānica)** *Tisch öffentlicher verbündeter (deutscher)*	(Deutsche) Bundesbank
Cancellārius [2] **Foederālis** *Kanzler Bündnis-*	Bundeskanzler
foederāta cīvit|ās [3, -ātis] (f) *verbündeter Staat*	Bundesland
Cōnsilium [2] **Foederāle** *Rat verbündeter*	Bundesrat
Rēs [5, reī] (f) **Pūblica Foederālis** *Sache öffentliche Bündnis-*	Bundesrepublik
Germānia [1] **Confederāta** *Deutschland verbündetes*	Bundesrepublik Deutschland
Foederālis Convent|us [4, -ūs] (m) **Legātōrum** *verbündete Versammlung Gesandte(pl)²*	Bundestag
Ēlēcti|ō [3, -ōnis] (f) **Foederālis Conventūs Legātōrum** *Wahl verbündete² Versammlung² Gesandte(pl)²*	Bundestagswahl
Mīlitia [1] **Foederālis Germānica** *Miliz Bündnis- deutsche*	Bundeswehr
(superior) magis|ter [2, -trī] (m) **cīvium** *(oberer) Vorsteher Bürger(pl)²*	(Ober-)Bürgermeister
poena [1] *(Strafe)*	Bußgeld
missil|e [3, -is] (n) **automatum** *Geschoss aus-eigenem-Antrieb*	Cruise-Missile (Marschflugkörper)
sēd|ēs [3, -is] (f) **lēgātī Germāniae** *Sitz Gesandte(pl)² Deutschland²*	deutsche Botschaft
advena [1] (m+f) *(Ankömmling)*	Einwanderer
lex [3, lēgis] (f) **de advenīs recipiendīs** *Gesetz über+5 Ankömmlinge5 zu-empfangende5*	Einwanderungsgesetz
nāv|is [3, -is] (f) **āeroplānigera** *(Schiff Flugzeug-)*	Flugzeugträger
Nātiōnum Ūnitārum copiae [1] (f pl) **paciferae** *Nationen² vereinigte(pl)² Truppen friedenbringende*	Friedenstruppen (UN)

lēx [3, lēgis] (f)	Gesetz
praesidēs [3, praes|es, -idis] (m pl) **cīvitātum** *Leiter(pl) Staaten*[2]	Länderchefs
comitia [1] **prōvinciālia** *Volksversammlung provinziale*	Landtag
ēlēcti|ō [3, -ōnis] (f) **comitiae prōvinciāliae** *Wahl Volksversammlung*[2] *provinziale*[2]	Landtagswahl
sclopētum [2] **māchināle** *Gewehr Maschinen-*	Maschinengewehr
vectīg|al [3, -ālis] (n) **viae** *Abgabe Straße*[2]	Mautgebühr
vectīg|al [3, -ālis] (n) **valōris adiūnctī (VVA)** *Abgabe Wert*[2] *zugefügter*[2]	Mehrwertsteuer
minis|ter [2, -trī] (m) **pūblicus** *Diener öffentlicher*	Minister
sēd|ēs [3, -is] (f) **ministrī pūblicī** *Wohnsitz Diener*[2] *öffentlicher*[2]	Ministerium
apparāt|us [4, -ūs] (m) **pūrgāmentīs combūrendīs** *Apparat Unrat(pl)*[5] *zu-verbrennenden(pl)*[5]	Müllverbrennungsanlage
nūnti|ī [2, -ōrum] (n pl)	Nachrichten
satell|es [3, -itis] (m) **tēlecommūnicātōrius** *Begleiter Fernmitteilungen-betreffend*	Nachrichtensatellit
nātiōnāli|tās [3, -ātis] (f)	Nationalität
missil|e [3, -is] (n) **īgnītum** *Geschoss feuriges*	Rakete
nāv|is [3, -is] (f) **sīderālis** *Schiff Sternen-*	Raumschiff
sīderāle īnstrūmentum [2] **explōrātorium** *Sternen- Werkzeug Erforschung-*	Raumsonde
refōrmati|ō [3, -ōnis] (f) *Verbesserung*	Reform
summōrum magistrātuum collēgium [2] *obersten(pl)*[2] *Beamten(pl)*[2] *Gemeinschaft*	Regierung
solidāritātis vectīg|āl [3, -ālis] (n) **additionale** *Zusammengehörigkeit*[2] *Abgabe zusätzliche*	Solidaritätszuschlag

geminae cīvitāt|ēs [3, -um] (f pl) *Zwillings- Städte*	Städtepartnerschaft
Oriēn|s [3, -tis] (m) **Proximus** *Osten sehr-naher*	Naher Osten
Speciālis Prōmptissima Biocōlȳtārum Man|us [4, -ūs] (f) *besondere sehr-schnelle Polizei(pl)[2] Hand*	SEK (Sondereinsatz-kommando)
Cōnsilium [2] **Securitātis** *Rat Sicherheit[2]*	Sicherheitsrat
mīl|es [3, -itis] (m)	Soldat
tribūtum [2], **vectīg|al** [3, -ālis] (n)	Steuer (Abgabe)
confessi|ō [3, -ōnis] (f) **tribūtō indicandō** *Bekenntnis Abgabe[5] zu-erklärende[5]*	Steuererklärung
tribūtōrum refōrmāti|ō [3, -ōnis] (f) *Abgaben(pl)[2] Erneuerung*	Steuerreform
tēlediurn|a [2, -ōrum] (n pl) *Fernnachrichten*	Tagesschau
tromocrat|ēs [1, -ae] (m) *Schrecken-Ausübender*	Terrorist
poena [1] **capitis** *Strafe Kopf[2]*	Todesstrafe
Cōnsociāti|ō [3, -ōnis] (f) **Nātiōnum Ūnītārum** *Vereinigung Nationen(pl)[2] vereinigte(pl)[2]*	UNO
suffrāgiōrum certāmina [3, certām|en, -inis] (n pl) *Wahlstimmen(pl)[2] Wettkämpfe*	Wahlkampf
summae rēī pūblicae cōnsilium [2] *höchste[2] Sache[2] öffentliche[2] Rat*	Verfassungsgericht
minist|er [2, -ri] (m) **pūblicus dēfēnsionis** *Diener öffentlicher Verteidigung[2]*	Verteidigungsminister
suffrāgium [2]	Wahlstimme
diurn|a [2, -ōrum] (n pl) *(Tagesberichte)*	Zeitung

Lēgistīne/audīvistīne iam nūntia?
gelesen-hast-?/gehört-hast-? schon Nachrichten[4]
Hast du schon die Nachrichten gelesen/gehört?

Quid rēī est?
was Sache ist
Was ist passiert?

Scīsne? Minister abdicāvit.
weißt-? Diener abgedankt-hat(-er)
Stell dir vor! Der Minister ist zurückgetreten.

Līberālis Dēmocratica Factiō maiorem partem tenet.
freie demokratische Partei größeren⁴ Teil⁴ hält
Die F.D.P. ist in der Mehrheit.

Postulātiō prīncipis factiōnis polīticae adversae recūsāta est.
Forderung Führer² Partei² politische² gegnerische² zurückgewiesen-worden(f) ist
Die Forderung des Oppositionschefs wurde zurückgewiesen.

Pūrgāmentum toxicātum ā firmā chēmicā in Rhēnum flūmen dērīvātum erat.
Unrat giftig von⁺⁵ Firma⁵ chemische⁵ in⁺⁴ Rhein⁴ Fluss⁴ eingeleitet-worden(n) war(-er)
Giftmüll war von einer Chemiefirma in den Rhein geleitet worden.

Duo venditōrēs clandestīnī propter mercātūram drōgārum damnāti sunt.
zwei Händler(pl) heimliche wegen⁺⁴ Handel⁴ Drogen(pl)² verurteilt-worden(m,pl) sind(-sie)
Die zwei Dealer wurden wegen Drogenhandels verurteilt.

Wetter & Umwelt

Der Römer machte gerne Smalltalk. Eine Bemerkung übers Wetter oder etwas ähnlich Belangloses setzte ein Gespräch in Gang. Gelegenheiten boten sich an allen Orten, wo man eng beieinander saß oder lag (Thermen, Toiletten etc.).

nūntium [2] **meteōrologicum** *Nachricht meteorologische*	Wetterbericht
grand|ō [3, -inis] (f)	Hagel
procella [1], **tempest|ās** [3, -ātis] (f)	Gewitter
glaci|ēs [5, -ēī] (f) **lūbrica** *Eis schlüpfrig*	Glätte
nebula [1]	Nebel
forām|en [3, -inis] (n) **ozōnosphaerae** *Loch Ozonschicht*[2]	Ozonloch
pluvia [1] **(acida)** *Regenguss (saurer)*	Regen (saurer)
arc|us [4, -ūs] (m) **caelestis** *Bogen himmlischer*	Regenbogen
umb(r)ella [1]	Regenschirm
nix [3, nivis] (f)	Schnee
conclāmāti|ō [3, -ōnis] (f) **fūmī et nebulae** *Geschrei Qualm*[2] *und Wolken*[2]	Smog-Alarm
moniti|ō [3, -ōnis] (f) **tempestātis** *Warnung Unwetter*[2]	Sturm- warnung
turb|ō [3, -inis] (m) *(Wirbelwind)*	Wirbelsturm
inquināmentum [2] **rērum nātūrae** *Schmutz Dinge(pl)*[2] *Natur*[2]	Umweltver- schmutzung
ventī vīs [3] (f) *Wind*[2] *Stärke*	Windstärke

Das Wort vīs *(Kraft, Stärke, Gewalt) hat im Singular keinen Genitiv und keinen Dativ. Es gibt im Singular nur die Formen* vīs/vim *(4. Fall),* vī *(5. Fall), im Plural nur* vīrēs *(1./4. Fall) sowie* vīribus *(3./5. Fall).*

Hodiē tōtum diem sōl radiābit.
heute ganzer[4] Tag[4] Sonne strahlen-wird(-sie)
Heute wird den ganzen Tag die Sonne scheinen.

Für mich soll's rote Rosen regnen!

Caelum nūbilōsum est.
Himmel bewölkt ist
Es ist bewölkt.

Tantum glandis pluit.
soviel Bleikugeln[5] regnet
Es regnet in Strömen.

Pluet.
regnen-wird(-es)
Es wird regnen.

Hoc mihī nimis ... est.
dieses mir[3] zuviel ... ist
Es ist mir zu ...

madidus	nass
āridus	trocken
frīgidus	kalt
calidus	heiß
lūbricus	glatt
tenebricus	dunkel
aestuōsus	schwül

In sōle ambulēmus.
in[+5] Sonne[5] spazierengehen-mögen(-wir)
Lasst uns in der Sonne spazieren gehen.

Nōndum omnium diērum sōl occidit.
noch-nicht aller[2] Tage[2] Sonne untergegangen-ist
Noch ist nicht aller Tage Abend.

Rauchen

Ohne das Rauchen propagieren zu wollen, ist dieses Genussmittel hervorragend geeignet, um schnell und unkompliziert ins Gespräch zu kommen.

ūna capsula sigarellōrum	1 Päckchen Zigaretten
eins(f) Kästchen Zigaretten[2]	
sigarella [2] (n pl) **cum filtrīs**	Filterzigaretten
Zigaretten mit[+5] Filtern[5]	
tabācina [1]	Tabak
sigarum [2]	Zigarre
ignītābulum [2]	Feuerzeug
rāmenta [2] (n pl) **flammifera**	Streichhölzer
Stückchen(pl) flammentragende(pl)	
fūmāre [1]	rauchen

Licetne mē sigarellum torquēre?
erlaubt-ist-? mich[4] Zigarette[4] drehen
Kann ich mir eine Zigarette drehen?

Quaerisne sigarellum?
begehrst-? Zigarette[4]
Möchtest du eine Zigarette?

Sigarī odor ingrātus est.
Zigarre[2] Geruch unangenehm ist
Zigarrenrauch ist unangenehm.

Hīc sigarella fūmanda nōn sunt!
hier Zigaretten zu-rauchende(pl) nicht sind(-sie)
Hier ist Rauchverbot!

Dā quaesō sigarellum!
gib bitte(-ich) Zigarette[4]
Kann ich eine Zigarette haben?

Dā mihī quaesō īgnem?
gib mir[3] bitte(-ich) Feuer[4]
Hast du (mal) Feuer?

Grātiās, nōn fūmō!
Danke(pl)[4], nicht rauche
Danke, ich rauche nicht.

Fotografieren

Subrideātis!
lächeln-wollet(-ihr)
Bitte lächeln!

Wohlhabende Römer ließen sich gerne verewigen. Berühmt sind die herrlichen, erhaltenen Wandgemälde und Mosaiken, zum Beispiel aus Pompeji, wo die Hausherren und Damen sich recht oft haben abbilden lassen.

māchina [1] **phōtographica** *Maschine photographische*	Fotoapparat
orbiculus [2] **vitrī convexus** *Scheibchen Glas[2] gewölbtes*	Objektiv
trip|ēs [3, -edis] (m)	Stativ
pellicula [1] **multicolōria** / **nigra et alba** *Häutchen vielfarbiges / schwarzes und weißes*	Farbfilm / Schwarz-Weiß-Film
fulg|or [3, -ōris] (m) **phōtographicus** *Blitz fotografisch*	Blitzlicht
phōtographāre [1]	fotografieren
imāg|ō [3, -inis] (f) **negātiva**	Negativ
(imāginem phōtographicam) dētegere [3] *(Bild[4] fotographisches[4]) entwickeln*	(Foto) entwickeln
antitypum [2] *(Gegenbild)*	Abzug
maiōrātum [2]	Vergrößerung
māchina [1] **cīnēmatographica** *Maschine zum-Kinofilmen-geeignete*	Filmkamera
cīnēmatographāre [1]	filmen
pellicula [1] **cīnēmatographica**	Film (Kino-)

Licetne mihī imāginem ā tē / infantis tui / domūs tui phōtographāre?
erlaubt-ist-? mir[3] Bild[4] von[+5] dir[5]/Kind[2] deines[2]/Haus[2] deines[2] fotografieren
Kann ich ein Foto von dir/deinem Kind/deinem Haus machen?

Placetne tibī ante hanc ecclēsiam mē phōtographāre?
gefällt(-es)-? dir[3] vor[+4] diese[4] Kirche[4] mich[4] fotografieren
Kannst du mich vor dieser Kirche fotografieren?

Kultur, Sport & Fußball

Freizeit- und Sportvergnügen war auch in der Antike ein großes Thema. Eine besonders beliebte Freizeitbeschäftigung (neben der Teilnahme an Gastmählern und Trinkgelagen) war das Baden.

expositi|ō [3, -ōnis] (f) **artificiōrum** *Ausstellung Kunstwerke*[2]	Ausstellung (Kunst-)
ballāti|ō [3, -ōnis] (f) **(scaenica)** *Tanz (auf-der-Bühne-dargestellter)*	Ballett(tanz)
tēlevīsi|ō [3, -ōnis] (f)	Fernsehen
diurnāle radiotēlevīsificum *Zeitung Radio-Fernsehen-betreffende*	Fernsehzeitung
cīnematographēum [2]	Kino
concentus [2] **mūsicus** *Zusammensingen musikalisches*	Konzert
spectāculum [2] **mūsicāle,** *Schauspiel musikalisches* **fābula** [1] **mūsicālis** *Geschichte musikalische*	Musical
drāma [3, -tis] (n) **mūsicum** *Schauspiel musikalisches*	Oper
theātrum [2]	Theater

Die Alten Römer badeten nackt, wobei es als unschicklich galt, wenn Frauen und Männer zur selben Zeit die Becken benutzten. Wer vorher etwas Sport treiben wollte, zog sich etwas an. Für Frauen gab es sogar schon eine Art Sport-BH!

Quid faciās hodiē vesperī?
was[4] *machen-möchtest heute abends(Adv)*
Was möchtest du heute Abend machen?

Quid in tēlevīsōriō/cīnēmatographēō/theatrō exhibētur?
was[4] *in Fernsehen*[5]*/Kino*[5]*/Theater*[5] *dargeboten-wird*
Was kommt im Fernsehen/Kino/Theater?

Velim *ist die 1. Person Sg („ich“) Konjunktiv Präsens Aktiv von* velle.

In pūblicum prōdīre/domī manēre velim.
in[+4] Öffentlichkeit[4] ausgehen/zu-Hause[5] bleiben möchte(-ich)
Ich möchte ausgehen / zu Hause bleiben.

Quās oblectātiōnes habēs?
welche[4] Unterhaltungen[4] hast
Welche Hobbys hast du?

Pingere amō.
malen liebe(-ich)
Ich male gern.

Sport

Quod āthlēticae genus exercēs?
welche[4] Sport[2] Art[4] übst
Welchen Sport treibst du/treiben-Sie?

Esne āthlēticus/āthlētica? *bist-? athletisch(m/f)*	Bist du sportlich?
Lūdisne pedifolle? *spielst-? Fußschlagball[5]*	Spielst du Fußball?
Alsūlegiā lūdō. *Hockey[5] spiele(-ich)*	Ich spiele Hockey.
Birotā vehō. *Zweirad[5] fahre(-ich)*	Ich fahre Fahrrad.
Pedirotīs prōlābor. *Fußrollen[5] vorwärtsgleite(-ich)*	Ich fahre Skateboard.
Tabulā vēliferā prōlābor. *Brett[5] segeltragendes[5] vorwärtsgleite(-ich)*	Ich surfe.
Luctam lūdōicam exerceō. *Ringkampf[4] judohaft[4] ausübe(-ich)*	Ich mache Judo.
Cursor spatiī longī sum. *Läufer Entfernung[2] lang[2] bin*	Ich bin Langstreckenläufer.
Cursor Marathōnius sum. *Läufer Marathon- bin*	Ich laufe Marathon.
Nartō.	Ich laufe Ski.
Odium in arte āthlēticā habeō. *Hass auf[+5] Kunst[5] athletische[5] habe*	Ich hasse Sport.

Sportarten & Wellness

hāmātilis piscāt|us [4, -ūs] (m) *Angelruten-mit-Widerhaken-versehen Fischfang*	Angeln
foll|is [3, -is] (m) **bascaūdarius** *Schlagball Flechtkorb-betreffend*	Basketball
foll|is [3, -is] (m) **bassus** *(Schlagball starker)*	Baseball
corporis exercitati|ō [3, -ōnis] (f) **dūra** *Körper[2] Übung harte*	Bodybuilding
pugilātus [2]	Boxkampf
deltaplanista [1]	Drachenflieger
patinātī|ō [3, -ōnis] (f) **artificiōsa** *Eislauf kunstfertig*	Eislaufen
sēd|ēs [3, -is] (f) **centrālis artis gymnicae** *Sitz zentraler[2] Kunst[2] sportliche[2]*	Fitnesscenter
ascēnsi|ō [3, -ōnis] (f) **libera**	Freeclimbing
compositi|ō [3, -ōnis] (f) **remediōrum cum fangō** *Zusammenstellung Heilmittel(pl)[2] mit[+5] Fango[5]*	Fangopackung
piscīna [1] **pūblica** *(Schwimmbecken öffentliches)*	Freibad
pedifollium [2] *(Fußschlagballspiel)*, **pedilūdium** [2]	Fußball (Spiel)
pedifoll|is [3, -is] (m) *(Fußschlagball)*	Fußball (Ball)
manufollium [2] *(Handschlagballspiel)*	Handball (Spiel)
soleae [1] (f pl) **pedirotīs** *(Sandalen Fußrollen[5])*	Inliner
curs|us [4, -ūs] (m) **continuus** *Lauf ununterbrochen*	Jogging
pūgna inerma laponica *Kampf unbewaffneter japanischer*	Karate
ar|s [3, -tis] (f) **bellica** *(Kunst kriegerische)*	Kampfsport
cōnīs lūsus [2] *(Kegel(pl)[5] Spiel)*	Kegeln
as|cendere [3, -cendō, -censī, -cēnsus]	klettern
malaxāti|ō [3, -ōnis] (f)	Massage
pilamalleus [2] **minūtus** *(Schlagball winziger)*	Minigolf
birotāre [1]	Rad fahren
athlētismus [2] **birotālis** *(Sport zweirädiger)*	Radsport
equitāti|ō [3, -ōnis] (f)	Reiten
sūdātōrium [2]	Sauna

scācilūdium [2]	Schach
natāre [1]	schwimmen
natāti|ō [3, -ōnis] (f)	Schwimmen (das)
natabūlum [2]	Swimmingpool
navigāre [1]	segeln (mit dem Schiff)
vēlificāti|ō [3, -ōnis] (f)	Segelsport
navis [1] **vēlivola** *(Schiff mit-Segeln-einherfliegend)*	Segelschiff
āerivolātus [2]	Segelflug
rēgulae [1] (f pl) **pedirotīs** *(Bohlen Fußrollen⁵)*	Skateboard
nartāre [1]	Ski fahren
nartāt|or [3, -ōris] (m)	Skiläufer
anabathrum [2] **nartātōrium** *erhöhter-Sitz Skilauf-betreffend*	Skilift
aula [1] **solāris** *(Halle Sonne-betreffend)*	Solarium
vēlitabulā prō|lābī [1, -lābor, -lāpsus sum] (Dep) *Segelbrett⁵ vorwärtsgleiten*	surfen
saltāti|ō [3, -ōnis] (f)	Tanz
ūrīnārī [1, ūrīnor] (Dep)	tauchen
tenilūdium [2] *(Tennisspiel)*	Tennis
exercitāti|ō [3, -ōnis] (f)	Training
exercitāti|ō [3, -ōnis] (f) **gymnastica** *Übung gymnastische*	Turnübung
foll|is [3, -is] (m) **volāticus** *(Schlagball fliegend)*	Volleyball (Ball)
ambulāre [1]	wandern, spazieren
āthlētica [1] **hībema** *(Sport winterlich)*	Wintersport

Fußball

Pedifollium spectāre velim.
Fußschlagballspiel[4] anschauen möchte(-ich)
Ich möchte mir das Fußballspiel anschauen.

Quandō pedifollium exhibēbitur?
wann Fußschlagballspiel dargeboten-werden-wird(-es)
Wann findet das Fußballspiel statt?

Arminia Bielefeldis in ligam secundam denuō dēscendēbat.
Arminia Bielefeld-betreffend in^{+4} Liga^{4} zweite^{4} von-neuem abstieg(-sie)
Arminia Bielefeld ist schon wieder in die 2. Liga abgestiegen!

„Ich habe fertig!“ (Ich bin am Ende!) – Abseits! – Der Schiedsrichter ist ein Idiot! – Tor! – Idiot! – Ecke! – Foul!

Hodiē Bavāria Monachium et Borussia Dortmunda certābunt.
heute Bayern München und Borussia Dortmund spielen-werden(-sie)
Heute spielt Bayern München gegen Borussia Dortmund.

Arbiter nōn multum in pedifolliō intelligit
Schiedsrichter nicht viel in[+5] Fußschlagball[5] versteht(-er)
Der Schiedsrichter versteht nicht viel von Fußball!

Quī certāminis est status?
was-für-ein Wettkampf[2] ist Stand
Wie steht's?

Sport ist Mord!

Praevalent Bavaricī unō ad zērum (punctō).
Übergewicht-haben(-sie) Bayern(pl) eins(n)[5] zu[+4] Null[4] (Punkt[5])
Es steht 1:0 für die Bayern.

Exercitor nōbis commūtandus est.
Trainer uns[3] auszuwechselnder ist
Wir müssen den Coach auswechseln!

Istud seorsum erat!
das-da abseits war(-es)
Das war Abseits!

Quidnam iste bardus faciat?
was-denn jener-da Idiot machen-mag(-er)
Was macht der Idiot denn da?!

Essen & Trinken

Sie werden wahrscheinlich (noch) nicht in einem Restaurant oder einem Imbiss Ihr Essen auf Latein bestellen können. Sie können aber – von einer Unterhaltung mit Ihrem Gegenüber mal abgesehen – in einigen Ländern die Speisekarte etwas besser verstehen.

convivium	Gastmahl
ferculum [2]	Essen
vesperna cēna [1] *abendliches Essen*	Abendessen
domicēnum [2]	Abendessen (v. a. zu Hause)
gūst|us [4, -ūs] (m), **gūstati|ō** [3, -ōnis] (f)	Vorspeise
cēna [1]	Hauptspeise
mēnsa [1] **secunda** *Tisch zweiter*	Nachtisch

Zu Zeiten der Republik ernährten sich die Römer noch hauptsächlich von Getreidebrei (puls) *und Gemüse* (olus). *Die Mehrheit der Bevölkerung war gezwungenermaßen Vegetarier, denn Fleisch war teuer. Spätestens in der Kaiserzeit wurde das Abendessen in wohlhabenden Kreisen zu einem luxuriösen (Gaumen-)Schmaus, der nicht selten in ein vergnügliches Gelage mündete.*

Esurīsne?
hungerst-?
Hast du Hunger?

Sitīsne?
dürstest-?
Hast du Durst?

Appetītum canīnum / famem canīnam habeō.
Appetit[4] *hündisch(n)*[4] */ Hunger*[4] *hündische(f)*[4] *habe*
Ich habe einen Bärenhunger.

Semper būlīmum habet.
immer Riesenhunger[4] *hat*
Er/sie hat immer einen Riesenhunger.

Sitī vehementī vexor.
Durst[5] *gewaltiger*[5] *gequält-werde(-ich)*
Ich habe ziemlich großen Durst.

Der Römer aß gern und viel, am liebsten in Gesellschaft. Um alle Gänge genießen zu können, wurde es toleriert, für den nächsten Gang „Platz" zu machen, indem man(n) sich z. B. mit einer Feder den Rachen kitzelte, bis man(n) erbrach.

Esuriens nōn sum, iam ēdī.
hungrig nicht bin, bereits gegessen-habe
Nein, ich habe schon gegessen.

Dē caupōnā parvō pretiō sciō.
von+5 Gasthaus5 kleiner5 Preis5 weiß(-ich)
Ich kenne ein preiswertes Restaurant.

Caupōnam parvō pretiō quaerō.
Gasthaus4 kleiner5 Preis5 suche(-ich)
Ich suche ein preiswertes Restaurant.

Nahrungsmittel

Gemüse

ol|us [3, -eris] (n)	Gemüse (a.: Kohl)
legūmina [2] (n pl)	Hülsenfrüchte
cināra [1]	Artischocke
faba [1]	Bohne
cichorium [2]	Endivie
cucum|is [3, -eris] (m)	Gurke
cārota [1]	Karotte
cicer [3, -is] (n)	Kichererbse
ol|us [3, -eris] (n)	Kohl (a.: Gemüse)
cucurbita [1]	Kürbis
lēn|s [3, -tis] (f)	Linse
malva [1]	Malve
bēta [1]	Mangold, Rübe
olīva [1]	Olive
fungus [2]	Pilz
lactūca [1]	Salat
asparagus [2]	Spargel
cucurbītula [1]	Zucchini
pīsum [2]	Zuckererbse
cēpa [1]	Zwiebel

Fleisch

car|ō [3, -nis] (f)	Fleisch
ana|s [3, -tis] (f)	Ente
ānser [3, -is] (m)	Gans
lep|us [3, -ōris] (m)	Hase
cervus [2]	Hirsch
gallīna [1]	Huhn
vitulus [2]	Kalb
agnus [2]	Lamm
bo|s [3, -vis] (m)	Rind
ov|is [3, -is] (f)	Schaf
cochlea [1]	Schnecke
porcus [2]	Schwein
car|ō [3, -nis] (f) **ferīna** *Fleisch wild*	Wildbret

Fisch

pisc|is [3, -is] (m)	Fisch
anguilla [1]	Aal
sparus [2] **aureus** *Brasse golden*	Goldbrasse
carpa [1]	Karpfen
scom|ber [2, -brī] (m)	Makrele, Muräne
barbus [2]	Seebarbe
salm|ō [3, -ōnis] (m) **lacūstris** *Lachs zum-See-gehörend*	Seeforelle
solea [1]	Seezunge
thynnus [2]	Thunfisch
mūrēna [1]	Zahnfisch

Obst & Nüsse

pōma [2] (n pl)	Obst
mālum [2]	Apfel
prūnum [2] **Armeniacum** *Pflaume armenische*	Aprikose (aus Armenien importiert)
pirum [2]	Birne
nu|x [3, -cis] (f)	Haselnuss
castanea [1]	Kastanie

prūnum [2] **avium** *Pflaume Vögel*[2]	Kirsche
amygdalum [2]	Mandel
prūnum [2] **Persicum** *Pflaume persische*	Pfirsiche
prūnum [2]	Pflaume
ūva [1]	Traube
jūgl|āns [3, -andis] (f)	Walnuss
mēlopep|ō [3, -ōnis] (m)	Wassermelone

Speisen

Fastfood & Co.

Magnus Maccius [2] *großer Mäc*	Big Mäc (Markenbezeichnung)
tomāc(u)lum [2]	Bratwurst
pulpa [1] **contrīta** *Fleisch zerdrücktes*	Bulette, Frikadelle
quadra [1] **būtȳrāta** *Viereck gebuttertes*	Butterbrot
Hamburgens|is [3, -is] (m) **cāseo** *Hamburger Käse*[5]	Cheeseburger
tomāc(u)lum [2] **Curry** *Bratwurst Curry*	Currywurst
pulticulae cucullus [2] **carne et lactucā** *Teig*[2] *Tüte Fleisch*[5] *und Salat*[5]	Döner Kebap
pāst|us [4, -ūs] (m) **orientālis cicerībus** *Speise orientalische*[5] *Kicherbsen*[5]	Falafel
fercula [2] (n pl) **prompta** *Mahlzeiten fertige(pl)*	Fastfood
Hamburgens|is [3, -is] (m)	Hamburger
liquām|en [3, -inis] (n) **lycopersicīs conditīs** *Brühe Tomaten*[5] *konservierte*[5]	Ketchup

liquām|en [3, -inis] (n) **māgōnicum** *Brühe Eierspeise-*	Mayonnaise
terrestria pōma [2] (n pl) **frīcta** *Erden(pl)- Obst(pl) geröstete(pl)*	Pommes frites
pāstillum [2] **fartum** *kleine-Speise gestopfte*	Sandwich
iū|s [3, -ris] (n) **prōmpte cōnfectum** *Suppe fertig(Adv) hergestellte*	Tütensuppe

Gerichte & Beilagen

pulpāmentarium [2]	Fleischbeilage
pulpa [1] *Fleisch*	Fleisch (ohne Knochen)
pullus [2] **assus** *Hähnchen gebratenes*	Brathähnchen
pōma [2] (n pl) **terrestria assāria** *Obst(pl) Erden(pl)- gebratene*	Bratkartoffeln
piper [3, -is] (n) **acrior cum carne** *Pfeffer ziemlich-scharfer mit+5 Fleisch5*	Chili con Carne
copadium [2] **cum explēmentis** *Schnitzel mit+5 Füllungen5*	Cordon bleu
pul|s [3, -tis] (f) **grānīs frūmentāriīs** *Brei Körner5 Getreide-5*	Cornflakes
satura [1]	Eintopf
lumbus [2] **tenerrimus** *Lende sehr-zarte*	Filet
bacula [2] (n pl) **piscium** *Stäbe Fische(pl)2*	Fischstäbchen
suīlla [1] **concīsa** *Schweinefleisch zerteiltes*	Geschnetzeltes

Typisch römische Brote waren u. a. das pānis artopticus, *Brot am Spieß, das über einem Grill gedreht wurde, und das* pānis testāticus, *Brot in einer irdenen Vase gebacken.*

Der Römer aß gerne asinus *(Esel)*, glīs *(Haselmaus, Siebenschläfer, ein delikater Festtagsschmaus, der gerne in Keramikgefäßen gemästet wurde)*, psittacus *(Papagei)*, pavō *(Pfau)*, ciconia *(Storch)*, porcus ferīnus *(Wildschwein)*.

būbula [1] **concīsa cum piperātō Hūngaricō** *Rindfleisch zerteiltes mit+5 Paprika5 ungarischer5*	Gulasch
pulticula [1]	Kartoffelpüree
car|ō [3, -nis] (f) **agnīna** *Fleisch Lamm-*	Lammfleisch
lagānum [2]	Lasagne
ōva [2] (n pl) **spongia** *Eier schwammartige(pl)*	Omelett
carnis crem|or [3, -ōris] (m) *Fleisch2 Schleim*	Pastete
placenta [1] **compressa** *Kuchen zusammengedrückter*	Pizza
car|ō [3, -nis] (f) **minutatim dissecta** *Fleisch stückweise(Adv) zerschnittene*	Ragout
fasciculus [2] **carnis fartus** *Bündelchen Fleisch2 gefülltes*	Rouladen
lactūca [1] **mixta** *Salat gemischter*	Salat, gemischter
brassica [1] **condīta** *Kohl eingelegter*	Sauerkraut
faliscus [2]	Saumagen, gefüllt
impr|ex [3, -icis] (m) **porcī** *Rippe Schwein2*	Schweinerippchen
ungella [1]	Schweinshaxe
pasta [2] (n pl) **vermiculāta** *Nudeln wurmförmige(pl)*	Spaghetti
ōvum [2] **assum** *Ei gebratenes*	Spiegelei
car|ō [3, -nis] (f) **crātīculā assa** *Fleisch kleiner-Rost5 gebratenes*	Steak
sorbiti|ō [3, -ōnis] (f)	Suppe
copadium [2] **Viennā** *Schnitzel Wien5*	Wiener Schnitzel

Kuchen, Süßes & Dessert

crustula [2] (n pl) **spongia** *Zuckerplätzchen(pl) schwammartige(pl)*	Biskuitgebäck
dulciolum [2]	Bonbon
mēnsa [1] **secunda** *(Tisch zweiter)*	Dessert
glaci|ēs [5, -ēī] (f) **ēdībilis** *Eis essbar*	Eiscreme
scriblīta [1] **gelātīnā** *Süßspeise Gelatine*[5]	Götterspeise
yogurtum [2]	Joghurt
masticātōrium [2]	Kaugummi
placenta [1]	Kuchen
scriblīta [1] **Anglica** *Süßspeise englische*	Pudding
tōrta [1] **cerasina Nigrae Silvae** *Torte mit-Kirschen Schwarzer*[2] *Wald*[2]	Schwarzwälder Kirschtorte
crāmum [2] **battūtum** *Creme geschlagene*	Schlagsahne
tōrta [1]	Torte
pul|s [3, -tis] (f) **ōvīs īnfūsīs** *Brei Eier*[5] *eingeschüttete(pl)*[5]	Zabaione

Getränke

pōtulenta [2] (n pl)	Getränke
sine alcohōle *(ohne*[+5] *Alkohol*[5]*)*	ohne Alkohol
coffea [1] **Arabica** *(Kaffee arabisch)*	Kaffee
thea [1]	Tee
lacte *(Milch*[5]*)*	mit Milch
saccharō *(Zucker*[5]*)*	mit Zucker
aqua [1] **minerālis** *Wasser mineralisch*	Mineralwasser
sūcus [2] **(frūctuārius)** *Saft (fruchtbringender)*	(Frucht-)Saft
sūcus [2] **mālinus** *(Saft aus-Äpfeln)*	Apfelsaft
sūcus [2] **mālinus Sīnicus** *Saft aus-Äpfeln chinesischen*	Orangensaft

Im Alten Rom trank man Wasser, Milch und natürlich Wein. Sehr beliebt war lac capreāginum *(Ziegenmilch).*

Mulsum war so etwas wie ein Nationalgetränk bei den Alten Römern. Heute findet man es auf jedem guten Weihnachtsmarkt oder Mittelalterfest unter dem Namen „Met".

līmōnāda [1]	Limonade
cōla [1]	Coca-Cola®
lac [3, -tis] (n)	Milch
cum alcohōle *(mit+5 Alkohol5)*	mit Alkohol
cervēsia [1]	Bier
prōpōm|a [3, -ātis] (n)	Cocktail
merum [2] **ōvō īnfūsum** *Wein Ei5 eingeschütteter*	Eierlikör
cubus [2] **gelidus** *Würfel eisiger*	Eiswürfel
mulsum [2]	Honigwein
coffea [1] **Hibernica** *(Kaffee irisch)*	Irish Coffee
liqu|or [3, -ōris] (m) **arōmaticus** *Flüssigkeit wohlriechende*	Likör
aqua [1] **vītae** *(Wasser Leben2)*	Schnaps
vīnum [2] **spūmān|s** [-tis] *Wein schäumender*	Sekt
vīnum [2]	Wein
vischium [2]	Whisky
valida pōti|ō [3, -ōnis] (f) **Slavica** *starkes Getränk slawisches*	Wodka
vīnum [2] **adustum** *(Wein gebrannt)*	Weinbrand

zu Hause

Vōs ad cēnam vocāre velim!
euch4 zu+4 Speise4 rufen möchte(-ich)
Darf ich euch zu Tisch bitten?

Quid bibātis?
was4 trinken-möchtet(-ihr)
Was möchtet ihr trinken?

Mihī pōculum dā!
mir3 Trinkgefäß4 gib
Reich mir das Glas!

Ergō bibāmus!
also trinken-mögen(-wir)
Lasst uns also trinken!

Prōsit!
nützen-möge(-es)
Prost!

Bene tē!
gut(Adv) (für-)dich[5]
Auf deine Gesundheit!

Bene!
gut(Adv)
Zum Wohl!, Prost!

Benīgnē!
sehr-gütig(Adv)
Danke sehr!

Vīnum tolerāre nōn possum.
Wein[4] ertragen nicht kann(-ich)
Ich vertrage keinen Wein.

Aquam medicātam bibere praeferam.
Wasser[4] heilkräftiges[4] trinken vorziehen-möge(-ich)
Ich möchte lieber Mineralwasser.

Bene commende/commendīte!
gut(Adv) empfiehl/empfiehlt
Guten Appetit! *(an eine/mehrere Personen)*

Iterum paululum iūris libenter acciperem!
abermals ein-wenig Suppe[2] gern nehmen-würde(-ich)
Ich möchte gerne noch etwas Suppe.

Etiam aliquid aquae libenter habērem.
auch etwas[+2] Wasser[2] gern würde-haben(-ich)
Ich hätte gerne noch etwas Wasser.

Gallīna excellenter mihī placet.
Huhn hervorragend(Adv) mir[3] gefällt(-es)
Das Huhn schmeckt mir hervorragend.

Placuitne vobis cibus?
gefallen-hat-? euch[3] Speise
Hat es euch geschmeckt?

Ita est, bene sānē.
so ist, gut(Adv) sehr
Ja, sehr gut.

Benīgnē fuit.
sehr-gütig(Adv) gewesen-ist
Es war sehr lecker!

Cēna dēlicātissima fuit.
Speise sehr-köstlich gewesen-ist
Das Essen war sehr gut.

Der Wein ist mir zu Kopf gestiegen!

im Restaurant

Quasi ein Universalgewürz und aus der römischen Küche schwer wegzudenken – von der Beliebtheit vergleichbar vielleicht mit Ketchup oder Maggi® – war das liquāmen *oder* garum. *Diese Sauce bestand aus Fisch und Fischeingeweiden, die man in einem kompliziertem Verfahren in der Sonne verfaulen ließ.* Garum *wurde zu jedem Essen gereicht!*

assōrum taberna [1], *Braten(pl)[2] Laden*	Gaststätte
taberna [1] **dēversōria** *Laden zum-Einkehren-geeigneter*	
caupōna [1] **craticulā assāriā** *Wirtshaus kleiner-Rost[5] zum-Braten-geeigneter[5]*	Grill
assatūr|ae [1, -ārum] (f pl) **stātivae** *Bratstuben Stand-*	(Steh-)Imbiss
vorātrīna [1]	Schnellimbiss
forn|ix [3, -icis] (m)	Kellerkneipe (auch Bordell!)
caupōna [1]	Kneipe
lauta caupōna [1], *vornehmes Wirtshaus*	Restaurant
dom|us [4, -ūs] (f) **cēnātōria** *Haus zum-Essen*	

Indicem cibōrum habeam, quaesō!
Verzeichnis[4] Speisen[2] haben-möchte(-ich), bitte(-ich)
Die Speisekarte, bitte.

Tabulam duōbus hominibus date!
Tisch[4] zwei(pl)[3] Menschen[3] gebt
Einen Tisch für zwei Personen!

Tischgedeck

mantēl|e [3, -is] (n)	Tischtuch
cult|er [2, -ri] (m)	Messer
fuscinula [1]	Gabel
fuscinula [1] **placentā** *Dreizäckchen Kuchen[5]*	Kuchengabel
cochle|ar [3, -āris] (n)	Löffel
linguella [1]	Teelöffel
catīllus [2]	Teller

scutra [1]	Schale
vitrum [2]	Glas (Trink-)
pōcillum [2]	Tasse
catīllus [2] **parvus** *Teller kleiner*	Untertasse
scyphus [2] *Becher/Pokal*	Karaffe
lagoena [1]	Flasche
hirniola [1]	Kännchen
cannula [1]	Strohhalm
mappa [1]	Serviette

Habēsne ferculum diurnum?
hast-? Gericht[4] tägliches[4]
Haben Sie ein Tagesgericht?

Cibum mandēmus!
Speise[4] bestellen-möchten(-wir)
Wir möchten bestellen.

Diaetā vivō!
geregelte-Lebensweise[5] lebe(-ich)
Ich mache eine Diät.

Vegetārius sum.
Pflanzenesser bin
Ich bin Vegetarier.

Vegetāria sum.
Pflanzenesserin bin
Ich bin Vegetarierin.

Nolō aliquid ēdere ...
nicht-will(-ich) etwas[4] essen ...
Ich mag kein(e) ...

Hier fliegen einem gebratene Tauben in den Mund! („Hier spazieren gebratene Schweine herum!")

Servietten (mappae) *waren im Alten Rom auch dafür da, um sich darin Speisen mit nach Hause zu nehmen. Es sollte sich aber im Rahmen halten. Essensreste ließ man unter den Tisch fallen; das gehörte zum guten Ton!*

Aliquid sōlum bibere velim.
irgendetwas^{4} *nur(Adv) trinken möchte(-ich)*
Ich möchte nur etwas trinken.

Duās lagoenās aquae minerālis, quaesō!
zwei^{4} *Flaschen*^{4} *Wasser*^{2} *mineralisches*^{2}*, bitte(-ich)*
Zwei Flaschen Wasser, bitte!

Duae mēnsūrae cervesiae!
zwei(f,pl) Maße Bier^{2}
Zwei Maß Bier!

Duo scyphi vīnī!
zwei Pokale Wein^{2}
Zwei Karaffen Wein!

Apportāte vīnum dulcissimum!
herbeibringt Wein^{4} *lieblichsten*^{4}
Servieren Sie den besten Wein!

Salis/peperis libenter habērem!
Salz^{2}*/Pfeffer*^{2} *gern hätte(-ich)*
Ich hätte gerne Salz / Pfeffer.

reklamieren & bezahlen

Fuscinulam mundam habēre possim?
Dreizäckchen^{4} *sauberes*^{4} *haben könnte(-ich)*
Kann ich eine saubere Gabel bekommen?

Cibus mihī nōn placet.
Speise mir^{3} *nicht gefällt(-sie)*
Das Essen schmeckt mir nicht.

Ecce, pilus/musca in cibō meō est.
da(Adv), Haar/Fliege in^{+5} *Essen*^{5} *mein*^{5} *ist*
Da ist ein Haar/eine Fliege in meinem Essen!

Cibus nimis ācer/salsus/pinguis fuit.
Speise zu-sehr scharf/salzig/fettig gewesen-ist
Das Essen war zu scharf/salzig/fettig.

Rātiōnem perscrībeās, quaeso!
Rechnung^{4} erstellen-mögest, bitte(-ich)
Die Rechnung, bitte!

Sōlum unō scyphō vīni ūsi sumus.
nur(Adv) eins^{5} Karaffe^{5} Wein^{2} gebraucht-haben(Dep) sind(-wir)
Wir hatten nur einen Wein.

Ratiōnem (numerāto) solvō.
Rechnung^{4} (bar) bezahle(-ich)
Ich bezahle die Rechnung bar.

Prō cibō solvam!
für^{+5} Essen^{5} zahlen-möchte(-ich)
Ich möchte (fürs Essen) zahlen!

Tē invītō!
dich^{4} einlade(-ich)
Ich lade dich ein!

Rātiō iūsta nōn est.
Rechnung richtige nicht ist(-sie)
Die Rechnung stimmt nicht.

Tē ad vischīum invītō.
dich^{4} zu^{+4} Whisky^{4} einlade(-ich)
Ich lade dich zum Whisky ein.

Ratiōnem dividimus!
Rechnung^{4} teilen(-wir)
Wir teilen die Rechnung!

Ich (!) zahle!

Ausgehen

In einem lauten Club oder einer Bar die ersten Lateinsätze zu formulieren, ist sicher schon etwas für Fortgeschrittene ...

Nachts rollte der Lieferverkehr durch die Stadt. Eine ausgeprägte Ausgeh-Kultur, wie wir es heute von jeder Großstadt kennen, kannte das Alte Rom nicht. Aus gutem Grund: Es war sehr gefährlich. In den Gaststätten trieb sich allerlei zwielichtiges Gesindel herum, mit dem nicht zu spaßen war. Auf den unbeleuchteten Straßen machten sich junge Männer nicht selten einen Spaß daraus, nächtliche Herumtreiber zu überfallen.

Aliquid etiam nunc faciam.
irgendetwas[4] auch nun machen-möchte(-ich)
Ich möchte noch etwas machen.

Placetne (tibī) saltāre?
gefällt(-es)-? (dir[3]) tanzen
Möchtest du tanzen?

Scīsne de ...? (+5)
kennst-? von[+5] ...
Kennst du ...?

... discothēcā bonā *... Scheibenladen[5] guten[5]*	eine gute Disco
... thermōpoliō bonō *... Getränke-Gaststätte[5] gute[5]*	eine gute Bar
... tabernā nocturnā *... Wirtshaus[5] nächtliches[5]*	einen Nachtclub
... lautā cauponā *... vornehmes[5] Gasthaus[5]*	ein Restaurant

Quid cupis tibī darī pōtandum?
was[4] wünschst dir[3] gegeben-werde zu-Trinken[4]
Was möchtest du trinken?

Tē ad cēnam vocō.
dich[4] zu[+4] Mahlzeit[4] rufe(-ich)
Ich lade dich ein (zum Essen).

Fatīgātus/fatīgāta sum.
ermüdet(m/f) bin
Ich bin müde.
(sagt Mann/Frau)

Domum revertār.
Haus[4] zurückkehren-möchte(-ich)
Ich möchte nach Hause (gehen).

Liebesgeflüster & Anmache

Nichts ist schlimmer, als der (vermeintlichen) großen Liebe zu begegnen und sich nicht mit ihr austauschen zu können. Wem die nachfolgenden Floskeln locker über die Lippen kommen und wer erste Erfolge damit verbuchen konnte, der sollte ruhig mal das ein oder andere Wort aus antiker Quelle dazunehmen. Die großen römischen Dichter Catull und Properz liefern wunderbare Ideen für feurige Liebesbriefe. Ansonsten verweisen wir guten Gewissens auf den berühmten römischen praeceptor amōris (Liebeslehrer) Ovid, bei dem Sie vielleicht auch noch passende Vokabeln finden können.

Nicht verwechseln: anhēlitus ōris *heißt „Liebesgeflüster“,* hālitosis (= foetor ex ōre) *jedoch „Mundgeruch“.*

Namen für Sie

lūx [3, lūcis] (f) **mea** *Licht mein*	mein Licht
dēliciol|ae [1, -ārum] (f pl) *Kleinod*	Schatz, Darling, Herzblatt
puella [1] **amāta** *Mädchen geliebtes*	Geliebte
flamma [1] *Sternschnuppe*	Geliebte, Augenstern
aureola *goldig*	Allerliebste, Goldstück
adōrāta [1]	Angebetete
ambrosia [1] *nach-Göttersalbe-duftende*	Göttliche
mea rosa [1] **fragrān|s** [-tis] *meine Rose wohlriechende*	meine wohlriechende Rose
pūpa [1]	Puppe

Pūpus *ist die maskuline Form zu* pūpa *und heißt „Bübchen“.*

Namen für Ihn

amīcus [2] **amātus** *Freund geliebter*	Geliebter
am|or [3, -ōris] (m) *(Liebe)*	Liebling
omnium dīlectissimus [2] *von-allen² Geschätztester*	Liebster
passerculus [2] (m) *kleiner-Sperling*	Spätzelein
meum cor [3, -dis] (n)	mein Herz
vir [2, virī] (m) **excellēntissimus** *Mann außerordentlichster*	Superman
amāt|or [3, -ōris] (m) **Latīnus** *Liebhaber lateinischer*	Latin Lover

Name für beide

ocelle mī *Augapfel meiner*	mein Augapfel

Die nebenstehenden Anreden sind keine Kosenamen, mit den frau bei ihrem Angebeteten landen kann.

virīlitātis prōpūgnāt|or [3, -ōris] (m) *Männlichkeit² Verteidiger*	Macho
dēliciolum [2]	Weichling
dēliciae [1] (m pl)	Liebling (Junge, ursprüngl. Sklave)
(mātris) dēliciae [1] (m pl) *(Mutter²) Liebling*	Muttersöhnchen

Adesne hīc sine comite?
anwesend-bist-? hier ohne+5 Begleiter5
Bist du alleine hier?

Habēsne amīcum/amīcam?
hast-? Freund4/Freundin4
Hast du einen Freund / eine Freundin?

Tē cōgnōscere velim.
dich4 kennenlernen möchte(-ich)
Ich möchte dich kennen lernen.

cēna [1] **ad lūcem candēlae** *(Abend-)Essen bei[+4] Schein[4] Kerze[2]*	Candlelight Dinner
lūsus [2] **blanditiārum** *Spiel Schmeicheleien[2]*	Flirt
palpitāti|ō [3, -ōnis] (f)	Herzklopfen
ōsculum, *Mündchen/Kuss* auch: **bāsium, sāvium**	Kuss
subitāneus amōris ārd|or [3, -ōris] (m) *plötzliche(-entstandene) Liebe[2] Leidenschaft*	Liebe auf den ersten Blick
amāti|ō [3, -ōnis] (f)	Liebelei
facin|us [3, -ōris] (n) **amātōrium** *Schandtat zärtliche*	Liebesabenteuer
susurrus [2] (m) **amātōrius** *Säuseln verliebtes*	Liebesgeflüster
amātōria diaeta [1] *verliebter Aufenthaltsort*	Liebesnest
palpāti|ō [3, -ōnis] (f)	Liebkosung
ēvent|us [4, -ūs] (m) **ingēns** *Ereignis ungeheures*	Mega Event
obventus [2], **occurs|us** [4, -ūs] (m) *das-Sich-Einfinden, Begegnung*	Rendezvous, Verabredung
rōmanticus [2]	Romantiker
rōmantica [1]	Romantikerin
thea [1] **prō duōbus amantibus** *Tee für[+5] zwei(pl)[5] Liebende[5]*	Tea for two
molestāre [1]	anmachen, belästigen
admirāri [1] (Dep)	schwärmen
palpāre [1]	streicheln
comple|ctī [3, -ctor, -xus sum] (Dep)	umarmen

rund um die Liebe

Im Alten Rom behielt eine Frau beim Sex ihren BH (eine Art Brustbinde) an. Es galt als verrucht, vollkommen nackt zu sein.

Der Typ hat einen knackigen Po!

Tē mīrī/admīrābilis/phantasticī putō!
dich[4] wunderbar[2]/bewundernswert[2]/ phantastisch[2] halte(-ich)
Ich finde dich klasse/geil/super!

incitan|s [2, -tis]	aufreizend, sexy
appetendus *zu-begehrender*	begehrenswert
amātōrius	erotisch
suāvis	lieblich
rōmanticus	romantisch
dulcis	süß

Tē bāsiāre velim!
dich[4] küssen-möchte(-ich)
Ich möchte dich küssen!

Licetne tē bāsiāre?
erlaubt-ist-? dich[4] küssen
Darf ich dich küssen?

Du bist sehr schön ... stark ... intelligent ... geschickt ...!

Oculōs bellissimōs ... *Augen⁴ sehr-schöne(pl)⁴ ...*	Wunderschöne Augen ...
Capillōs flavōs lūcidīs ... *Haare⁴ blonde(pl)⁴ leuchtende(pl)⁴ ...*	Leuchtende blonde Haare ...
Crūrēs prōcerōs ... *Beine⁴ schlanke(pl)⁴ ...*	Schlanke Beine ...
... habēs!	... hast du!

Tē amō!
dich⁴ liebe(-ich)
Ich mag/liebe dich.

Tē quoque amō!
dich⁴ auch liebe(-ich)
Ich liebe dich auch.

Der Alte Römer sagte zur Geliebten Futuere tē velim! *(„Beischlaf-ausführen dir⁵ möchte-ich"), wenn Er mit Ihr schlafen wollte. Wir drücken es etwas moderner aus.*

Cum tē cubāre / amōrem facere velim!
mit⁺⁵ dir⁵ schlafen / Liebe⁴ machen möchte(-ich)
Ich möchte mir dir schlafen!

Trānseāmusne ad rēs ipsās?
übergehen-können(-wir)-? zu⁺⁴ Sachen⁴ eigentlichen⁴
Können wir zur Sache kommen?

Prōfluvia (mulierum)/mēnsium flūxūs habeō.
Hervorfließen⁴ (Frauen²)/Monate² Fließen⁴ habe
Ich habe meine Tage.

Id celerius mihī accidit.
dieses zu-schnell mir³ ereignet-sich(-es)
Das geht mir zu schnell!

Ducisne tēcum tegumenta?
führst-? dir⁵-mit Schutz(hüllen)⁴
Hast du Kondome bei dir?

Adeāmusne ad mē vel ad tē?
gehen-sollen(-wir)-? zu⁺⁴ mich⁴ oder zu⁺⁴ dich⁴
Gehen wir zu mir oder zu dir?

Bei Nicht-Interesse

Id meā nōn interest.
das mich[5] nicht interessiert
Ich habe kein Interesse!

Nolō!
nicht-will(-ich)
Ich will nicht.

Expectāre mālam.
warten will-lieber(-ich)
Ich möchte noch warten.

Mihī dēest lībidō.
mir[3] fehlt(-sie) Lust
Ich habe keine Lust.

Morbōs/morbum AIDS timeō.
Krankheiten[4]/Krankheit[4] AIDS fürchte(-ich)
Ich habe Angst vor Krankheiten/Aids.

syndrom|ē [3, -ātis] (f)	Aids
comparātī dēfectūs immūnitātis) *Krankheitsbild erworbener[2] Schwäche[2] Immunität[2]*	
pilula [1] **anticonceptīva** *Pille gegen-Empfängnis-*	Antibabypille
tegumentum [2] *(Schutz)*, **praeservātīvum** [2]	Kondom, Präservativ
spira [1] **anticonceptīva** *Spirale gegen-Empfängnis-*	Spirale
gravidit|ās [3, -ātis] (f)	Schwangerschaft
abort|us [4, -ūs] (m)	Abtreibung

Atociō nōn ūtor.
Verhütungsmittel[5] nicht verwende(-ich)
Ich verhüte nicht.

Nōlī mē turbāre/molestāre!
wolle-nicht mich[4] stören/ belästigen
Lass mich in Ruhe!

Tē permolestē geris!
dich[4] sehr-lästig(Adv) verhältst(-du)
Du nervst!

Mē molestiā afficis!
mich[4] Belästigung[5] stimmst(-du)
Du ödest mich an!

Dā tē in pedēs!
gib dich[4] auf[+4] Füßen[4]
Verschwinde!

Subducā tē!
entfern dich[4]
Hau ab!

Einkaufen

Es dürfte schwierig werden, eine Verkäuferin zu finden, mit der man auf Latein handeln kann. Einige Vokabeln werden Ihnen aber bekannt vorkommen, und in Boutiquen romanischer Länder sollte man es probieren: „Hemd“ heißt auf Latein camisa, auf Portugiesisch camisa, auf Italienisch camicia, auf Französisch chemise ...

Fußgängerzonen sind keine Erfindung unserer Zeit. Schon im Alten Rom kannte man sie.

Ubī est zōna peditum?
wo ist(-sie) Zone Fußgänger(pl)^{2}
Wo ist die Fußgängerzone?

Vadēsne mēcum in urbem?
gehst-? mir^{5}-mit in^{+4} Stadt^{4}
Kommst du mit in die Stadt?

Nōlō emere.
nicht-will(-ich) kaufen
Ich möchte nichts kaufen.

Maximō pretiō stat.
sehr-großer^{5} Preis^{5} kostet
Das ist sehr teuer.

Minimō pretiō stat.
sehr-kleiner^{5} Preis^{5} kostet
Das ist sehr billig.

Der Verkäufer ist ein Halsabschneider (Wucherer)!

Aliquid/donum/mnēmosynum emere velim.
irgendetwas^{4}/Geschenk^{4}/Andenken^{4} kaufen möchte(-ich)
Ich möchte etwas/ein Geschenk/ein Andenken kaufen.

Geschäfte

pistrīna [1]	Bäckerei
taberna [1] **requīrimentō ad strūendum** *Laden Bedarf^5 zu^{+4} Bauen^4*	Baumarkt
taberna [1] **flōrum** *Laden Blumen^2*	Blumenhandlung
tabernula [1] **exquīsīta** *Lädchen erlesenes*	Boutique
librāria [1] *(Buchladen)*	Buchhandlung
taberna [1] **speciālis** *Laden besonderer*	Fachgeschäft
tōnstrīna [1] *(Barbierstube)*	Friseurgeschäft
autūrgus [2]	Heimwerker
tabernula [1] *(Lädchen)*	Kiosk
taberna [1] **(vēnālīcia)** *Laden (Waren-)*	Laden
taberna [1] **alimentāria** *Laden Nahrung-betreffender*	Lebensmittel-geschäft
macellum [2] *(Fleischmarkt)*	Metzgerei
taberna [1] **fabrī oculāriī** *Laden Handwerker^2 Augen-betreffender^2*	Optikergeschäft
supervēnālicium [2] *Superwarenladen*	Supermarkt
pantopōlium [2]	Warenhaus

Einkaufen

dīvenditi|ō [3, -ōnis] (f) **tōtālis** *Verkauf vollständiger*	Ausverkauf
tessera [1] **nummāria** *Marke Münzen-*	Gutschein
arcāria [1]	Kassiererin
sacculus [2] **plasticus**	Plastiktüte
crumīna [1], **marsūpium** [2] *Geldbeutel, Geldbeutel*	Portemonnaie
pretium [2]	Preis
remissi|ō [3, -ōnis] (f)	Rabatt

Kleidung & Co.

Vestem muliebrem mīrificam *Kleid[4] weibliches[4] wunderbares[4]*	ein tolles Kleid
Brācās modernās *Hose[4] moderne[4]*	eine moderne Hose
Strictōriam lāneam exquisitam *Gewirktes[4] wollenes[4] auserlesenes[4]*	einen erlesenen Pullover
... vīdī. (+4) *... gesehen-habe(-ich)*	Ich habe ... gesehen.

Brācae minorēs/maiorēs sunt.
Hosen zu-kleine/zu-große sind(-sie)
Die Hose ist zu klein / zu groß.

vest|is [3, -is] (f) **balneāris** *Kleidungsstück/Kleid Bade-*	Badeanzug
sublig|ar [3, -āris] (n) **balneāre** *Schurz Bade-*	Badehose
vesticula [1] **balneāris Bikiniāna** *Kleidungsstückchen Bade- Bikini*	Bikini
strophium [2] *(Büstenhalter)*	BH
linte|a [2, -ōrum] (n pl) **venusta** *Leinentücher reizende(pl)*	Dessous
cingulum [2] *(Gurt)*	Gürtel
digitāl|e [3, -is] (n)	Handschuh
pērula [1] **manuāria** *kleiner-Ranzen Hand-*	Handtasche
camis(i)a [1] **(exterior)** *Hemd (äußeres)*	Hemd (Ober-)
brāc|ae [1, -ārum] (f pl)	Hose (weit)
vest|is [3, -is] (f) **superior** *Kleidungsstück/Kleid oberes*	Jacke, Jackett
brācae [1] (f pl) **genuēnsēs** *Hosen genuesische(pl)*	Jeans
vest|is [3, -is] (f) **muliebris** *Kleidungsstück/Kleid weibliches*	Kleid

Brācae genuēnsēs:
Die Stadt Genua war früher ein wichtiger Ausfuhrhafen für Baumwolle. So hat die Jeans, die aus einem geköperten Baumwollstoff besteht, ihren Namen erhalten (Aussprache des italienischen Wortes „Genua" ist „dschenua").

Schuhwerk im Alten Rom: Im Haus trug man schlichte Sandalen mit Lederriemen. Frauen konnten diese auch auf der Straße tragen – für Männer völlig unpassend. Ein Mann trug in der Öffentlichkeit calceī *(stiefelartige Schuhe aus schwarzem Leder). „Arme" und Sklaven auf dem Land trugen* sculpōneae *(Holzschuhe). Im Winter wurden die Füße mit Fell oder Lappen umwickelt. Diese „Socken" waren jedoch nur etwas für Weicheier!*

mitra [1], **mitella** [1] *Kopfbinde, seidene-Kopfbinde*	Kopftuch
fōcāl|e [3, -is] (n) *(Halstuch)*	Krawatte
pallium [2]	Mantel
galērum [2] *(Männer-Pelzkappe)*	Mütze (Pelz-)
pilleus [2] *(Männer-Filzkappe)*	Mütze (Filz-)
tībiāli|a [3, -um] (n pl) **naelōnica** *Beinbinden aus-Nylon*	Nylonstrümpfe
capillāmentum [2], **galērus** [2]	Perücke
strictōria [1] **lānea,** *Gewirke wollenes* **thōr|āx** [3, -ācis] (m) **lāneus** *Brustkorb wollener*	Pullover
calceolī [2] (m pl) **altiusculī** *Schühchen ziemlich-hohe(pl)*	Pumps
gunna [1] *(Tunika)*	Rock
soleae [1] (f pl)	Sandalen
pannus [2] **collāris** *Stück-Tuch zum-Hals-gehöriges*	Schal
sublig|ar [3, -āris] (n) *(Schurz)*	Schlüpfer
calceus [2]	Schuh (Halb-)
femorāl|e [3, -is] (n) **substrictius** *Schenkelbinde zu-kurze*	Slip
impīli|a [2, -ōrum] (n pl)	Socken
vestīmentum [2] **aestīvum** *Kleidungsstück sommerliches*	Sommerkleid
iacca [1] **lānea** *(Gewand wollen)*	Strickjacke
caligae [1] (f pl)	Stiefel
tībiāli|a [3, -um] (n pl) *(Beinbinden)*	Strümpfe
tībiāli|a [3, -um] (n pl) **brācāria** *Beinbinden zu-Hosen-gehörig*	Strumpfhosen
subūcula [1] **minima** **(ventre intēctō)** *(Unterhemd winziges (Bauch[5] unbedeckter[5]))*	Top (nabel-freies)
brācae [1] (f pl) **interiōrēs** *Hosen innere(pl)*	Unterhose (für Männer)

Farben & Muster

albus	weiß	**cānus**	grau
flāvus	gelb	**nig|er** [-ri]	schwarz
fulvus *(rotgelb)*	orange	**clārus**	hell
ruber	rot	**obscūrus**	dunkel
roseus āc|er [-ri] *rosa feurig*	pink	**fuscus** *dunkel*	braun
roseus	rosa	**pūnctātus**	gepunktet
sȳringae col|or [3, -ōris] (m) *Flieder[2] Farbe*	lila	**virgātus** *mit-Zeichen-versehen*	gestreift
caeruleus	blau	**scutulātus**	kariert
viridis	grün		

Der schnöde Mammon

Geld ist vielleicht heute leichter als in der Antike, aber nichtsdestotrotz immer noch ein „schweres" Thema.

Pecūnia mihī dēest.
Geld mir[3] fehlt(-sie)
Ich habe kein Geld.

Crēditō sēcūrō indigeō.
Darlehen[5] sicher[5] brauche
Ich brauche einen Kredit.

Potesne pecūniam mihī commodāre?
kannst-? Geld[4] mir[3] verleihen
Kannst du mir Geld leihen?

Nōlō nummīs praesentibus solvere.
nicht-will(-ich) Münzen[5] sofortige[5] bezahlen
Ich möchte nicht bar bezahlen.

Licetne mē assīgnātiōne argentaria solvere?
erlaubt-ist-? mich[4] Anweisung[5] Geld[5] bezahlen
Kann ich mit Scheck bezahlen?

rund ums Geld

Pecūnia nōn olet *(Geld stinkt nicht), meinte Kaiser Vespasian (9-79 n. Chr.), und hielt seinem Sohn Titus ein paar Münzen unter die Nase, als der die vom Vater eingeführte Urinsteuer kritisierte.*

pecūnia [1] *Geldsumme*	Geld
rati|ō [3, -ōnis] (f) **nummāria** *System Münzen-*	Währung
exterārum gentium nummī [2] (m pl) *ausländischer[2] Völker[2] Gelder*	Devisen
nummus [2] **Eurōpaeus** *Geld europäisches*	Euro
nummus [2] **centeniōnālis** *Geldstück (ein-)Hundertstel*	Cent
francus [2] **Helvēticus** *Franke schweizerisch*	Schweizer Franken
lībella [1] **Anglica** *Pfündchen englisches*	englisches Pfund (Sterling)
dollārium [2] **Americānum** *Dollar amerikanischer*	US-Dollar
marsūpium [2]	Geldbeutel
nummōrum gestāt|or [3, -ōris] (m) *Münzen[2] Träger*	Geldbote
poena [1] **pecūniāria** *Strafe Geld-*	Geldstrafe
pecūniae male partae collocāti|o [3, -ōnis] (f) *Geld[2] unehrenhaft(Adv) erworbenes[2] Disposition*	Geldwäsche
argentāria [1] *Wechselstube/Bank*	Bank
īnstitūtum [2] **monētāle** *Einrichtung münzlich*	Geldinstitut
arca [1] **nummāria** *Kasten Münzen-*	Geldschrank
nōmina [2] (n pl) **passīva** *Schuldposten leidende(pl)*	Schulden
officium [2] **fiscāle** *Amt Staatskasse-*	Finanzamt

Nummōs commūtāre velim. **in der Bank**
Münzen[4] umwandeln möchte(-ich)
Ich möchte Geld wechseln.

Computum aperīre velim.
Zusammengerechnetes[4] eröffnen möchte(-ich)
Ich möchte ein Konto einrichten.

Maße & Mengen

Im Alten Rom war der as Rechnungs-, Gewichts- und Münzeinheit und wurde in 12 ūnciae (Unzen) nach dem Duodezimalsystem unterteilt. Im angelsächsischen Raum findet man noch heute Spuren des römischen Zwölfersystems. Aber auch die Bezeichnungen, die wir für unser Dezimalsystem verwenden, zeigen die lateinische Ableitung.

mēnsūra [1]	Maß
multitūd|ō [3, -inis] (f) (+2), **cōpia** [1]	Menge
mē|tīrī [5, -tior, -nsus sum] (Dep)	messen (aus-/ab-/durch-)
facere [5, faciō, fēcī, factum] (+4) *bewirken+4*	betragen
modus [2] **mēnsūrae** *Art Maß[2]*	Art des Maßes
longitūd|ō [3, -inis] (f) (+2)	Länge
longus	lang
longitūdine *(Länge[5])*	der Länge nach
grad|us [4, -ūs] (m) **longitūdinis** *Grad Länge[2]*	Längengrad

Das Zeichen für Pfund Sterling (£, Währung in Großbritannien), erinnert an seine lateinische Herkunft, nämlich libra *(= die Waage, das Gewogene), gleichzeitig ist es die Bezeichnung für das römische Pfund (= 0,326 kg) und für das karolingische Silberpfund.*

horizontālis	horizontal
ad perpendiculum *zu+4 senkrecht4*	vertikal
lātitūd|ō [3, -inis] (f)	Breite, Größe, Umfang
grad|us [4, -ūs] (m) **lātitūdinis** *Grad Breite2*	Breitengrad
lātus	breit
altitūd|ō [3, -inis] (f)	Höhe, Tiefe
altus	hoch, tief
amplitud|ō [3, -inis] (f)	Weite, Größe
pond|us [3, -eris] (n)	Gewicht, Schwere
pondō *(Gewicht5)*	dem Gewicht nach
ūnum grammum [2]	1 Gramm
centum gramma [2] (n pl)	100 Gramm
ūnum chīliogrammum [2]	1 Kilo
centum chīliogramma [2] (n pl)	100 Kilo
dīmidium chīliogrammum [2] *Hälfte Kilogramm*	½ Kilo
ūnum (pondus) centēnārium *ein (Gewicht) hundert-enthaltend*	1 Zentner
ūnum centipondium [2] *ein Zentnergewicht*	
ūna metrēta [1], **ūna tonna** [1]	1 Tonne
ūna lītra [1]	1 Liter
sēmilītra [1] *(halb-Liter)*	½ Liter
ūnum chīliometrum [2]	1 Kilometer
ūnum metrum [2]	1 Meter
dīmidium metrum [2], *Hälfte Meter* **hēmimetrum** [2] *(halb-Meter)*, **sēmimetrum** [2] *(halb-Meter)*	½ Meter
ūnum centimetrum [2]	1 Zentimeter
trīgintā centimetra [2] (n pl)	30 Zentimeter
ūnum metrum [2] **quadratum** *ein Meter Quadrat*	1 Quadratmeter

Für Globetrotter entsprechen den englischen Bezeichnungen folgende lateinische, auch wenn die lateinischen Gewichte/Maße nicht unbedingt den heute üblichen entsprechen müssen, da die antiken Maße und Gewichte nicht – wie heute – eindeutigen Normen unterworfen waren!

digitus [2]	*Zoll*	inch
pēs [3, pedis] (m)	*Fuß*	foot
mīlliārium [2]	*Meile*	mile
cyathus [2]	*Becherchen*	cup
hēmīna [1]	*halb-Becher*	pint

Übernachten

Reisen ist heute so selbstverständlich, dass Sie natürlich wissen sollten, wie Sie sich auf Latein eine Übernachtungsmöglichkeit sichern oder wie Sie Unmut über eine gebuchte Schlafstätte ausdrücken können. Sie werden erstaunt sein, wie viele Vokabeln Ihnen vertraut vorkommen.

Dēversōrium bonum et vīle petō.
Hotel[4] gutes[4] und preisgünstiges[4] suche(-ich)
Ich suche ein gutes, preiswertes Hotel.

Dēversōrium occupātum est.
Gasthaus besetzt ist
Wir sind belegt.

Hospitium refertum est.
Herberge vollgestopft ist
Das Hotel ist ausgebucht.

Conclāve ... velimus.
Zimmer⁴ ... möchten(-wir)
Wir möchten ein Zimmer ...

... prōspectū *(Aussicht⁵)*
... mit Aussicht
... cum lavācrō *(mit⁺⁵ Bad⁵)*
... mit Bad
... cum pluviō *(mit⁺⁵ Regenschauer⁵)*
... mit Dusche
... cum tēlevisiōne capulārī
... mit⁺⁵ Fernsehen⁵ Fasern-⁵
... mit Kabelanschluss
... cum rēticulātiōne computātōriā internātiōnālī
... mit⁺⁵ Verknüpfung⁵ Computer-betreffende⁵ internationale⁵
... mit Internetanschluss
... duābus persōnīs
... zwei(pl)⁵ Personen⁵
... für 2 Personen

Hodiē diēs fēriātus est.
heute Tag feiernd ist
Heute ist Ruhetag.

Etiam ūnum conclāve duōrum lectōrum nōbis est.
noch(Adv) eins⁴ Zimmer⁴ zwei(pl)² Betten² uns³ ist
Wir haben noch ein Doppelzimmer.

Hīc est sōlum ūnum conclāve ūnīus lectī.
hier ist nur(Adv) eins⁴ Zimmer⁴ eines² Bett²
Wir haben nur ein Einzelzimmer.

Sōlum cellam subtēgulāneam habēre potes.
nur Kammer⁴ unter-Dach-gelegen⁴ haben kannst
Sie können nur die Dachkammer haben.

Continuāta cubīcula praesidis condūcere velim.
aneinandergereihte(pl)[4] Schlafgemächer[4] Leiter[2] mieten möchte-(ich)
Ich möchte die Präsidentensuite mieten.

Cubīcula sēparāta volumus.
Schlafgemächer[4] getrennte(pl)[4] wollen(-wir)
Wir wollen getrennte Zimmer.

Potesne lectum additum pōnere?
kannst-? Bett[4] zusätzliches[4] aufstellen
Können Sie noch ein Bett aufstellen?

Beanstandungen

Nicht immer ist man zufrieden mit dem angemieteten Quartier. Vielleicht helfen Ihnen die nebenstehenden Floskeln weiter.

Conclāve aliud habēre velim.
Zimmer[4] anderes[4] haben möchte(-ich)
Ich möchte ein anderes Zimmer haben.

Hīc madidum/mūcidum est.
hier feucht/schimmelig ist(-es)
Es ist feucht/schimmelig.

Conclāve plēnum blattīs/parasītīs est.
Zimmer voll Kakerlaken[5]/Ungeziefer[5] ist
Im Zimmer gibt es Kakerlaken/Ungeziefer.

Fūsiō / sella ēlūtōria obstrūcta est.
Ausguss / Sitz Spülung-betreffender verstopft ist
Der Ausguss /die Toilette ist verstopft.

Pōtulentīs frīgidārium parvum est vaccuum.
Getränke[5] Kühlschrank winziger ist leer
Die Minibar ist leer.

Culcita nimis dūra / nimis mollis est.
Matratze zu-sehr hart / zu-sehr weich ist
Die Matratze ist zu hart / zu weich.

Übernachten

Je nach Komfort können Sie es mal hiermit versuchen:

Apportā ientāculum nōbis ad lectum!
herbring Frühstück[4] uns[3] an[+4] Bett[4]
Bringen Sie uns das Frühstück ans Bett!

Unterkünfte

hospitium [2]	Herberge
dēversōrium [2]	Hotel, Gasthaus
dēversōrium [2] **īnsīgne tribus/quattuor/quīnque stēllulīs** *Gasthaus ausgezeichnetes drei[5]/vier[5]/fünf[5] Sternchen[5]*	3-/4-/5-Sterne-Hotel
dēversōrium [2] **īnfantārium** *Gasthaus kinderlieb*	Hotel, kinderfreundliches
hospitium [2] **et ientāculum** [2] *Lager und Frühstück*	Bed & Breakfast
aed|ēs [3, -is] (f) **fēriālis** *Wohnhaus Ferien-*	Ferienwohnung
fēriae [1] (f pl) **rūsticānae** *Ferientage Land-*	Ferien auf dem Bauernhof
campus [2] **tentōrius** *Feld für-Zelte-geeignet*	Campingplatz

Zimmer

conclā|ve [3, -vis] (n), **cubīculum** [2]	Zimmer, Schlafgemach
concla|ve [3, -vis] (n) **ūnīus lectī** *(Zimmer(sg) eines[2] Bett[2])*	Einzelzimmer
conclā|ve [3, -vis] (n) **duōrum lectōrum** *Zimmer(sg) zweier(pl)[2] Betten[2]*	Doppelzimmer
cella [1] **subtēgulānea** *Kammer unter-Dach-gelegen*	Dachkammer
continuāta cubīcula [2] (n pl) **luxuriōsa** *aneinandergereihte(pl) Schlafgemächer verschwenderische(pl)*	Luxussuite

Verpflegung

pretium [2] **prō habitātiōne et mēnsā** *Preis für^{+5} Wohnung^{5} und Tisch^{5}*	Vollpension
pretium [2] **prō habitātiōne et ientāculō** *Preis für^{+5} Wohnung^{5} und Frühstück^{5}*	Halbpension
opera [1] **ēminēn|s** [-tis] *Dienst herausragender*	First Class Service
prandium [2] **sine mēnsā** *zweites-Frühstück ohne^{+5} Tisch^{5}*	Frühstücksbuffet

Personal & Co.

triclīnārius [2]	Barkeeper
opera [1] **comitis** *Dienst Begleiter(sg)^{2}*	Begleitservice
hospita [1]	Hostess
administrāt|or [3, -ōris] (m) **dēversōriī** *Leiter Gasthaus^{2}*	Hoteldirektor
famulus [2] **domesticus** *Diener zum-Haus-gehöriger*	Hoteldiener
puella [1] **caupōnia** *Mädchen zur-Schenke-gehöriges*	Kellnerin
archimagīrus [2]	Maître d'Hôtel
prīmicaupōnius [2]	Oberkellner

rund ums Übernachten

ambienta [2] (n pl) **amoena** *Umgebungen angenehme(pl)*	Ambiente, angenehmes
ambiens condici|ō [3, -ōnis] (f) **rūstica** *umgebende Lage ländliche*	Atmosphäre, rustikale
pēgma [3, -tis] (n) **scānsōrium** *Versenkungsmaschine zum-Hinaufsteigen-geeignete*	Aufzug, Lift
fūsōrium [2] **(obstrūctum)**	Ausguss (verstopft)
pyelus [2]	Badewanne

Obwohl der Römer ab dem 1. Jahrhundert vor Christus gerne auf Reisen ging, gab es keine allzu große Anzahl an Hotels oder Pensionen. Der wohlhabende Reisende nächtigte meistens als Gast beim vornehmsten Mann am Platz. Andere Touristen mussten zusehen, wo und wie sie unterkamen. Oft hatten sie einen eigenen Wohnwagen.

balneum [2], **lavācrum** [2]	Badezimmer (auch: das Baden)
lectus [2]	Bett
cooperīmentum [2]	Bettwäsche
in tabulās re|ferre [-ferō, -ttulī, -lātum] *in Verzeichnisse[4] eintragen*	buchen
lavāti|ō [3, -ōnis] (f) **pluvia** *Baden regnerisches*	Dusche
aula [1] **gymnastica** *Halle Turn-*	Fitnessraum
ātrium [2] **congressūs** *Halle Zusammenkunft[2]*	Gesellschaftsraum
mantēlium [2]	Handtuch
focus [2]	Herd
dēversōriī thermopōlium [3] *Gasthaus[2] Getränkeausschank*	Hotelbar
dēversōriī recepti|ō [3, -ōnis] (f) *Gasthaus[2] Empfang*	Hotelrezeption
cervīc|al [3, -ālis] (n)	Kopfkissen
frīgidārium [2]	Kühlschrank
strāgulum [2]	Laken
culcita [1]	Matratze
con|dūcere [3, -dūcō, -dūxī, -ductum]	mieten
sūdātōrium [2]	Sauna
ministrāre [1]	servieren
ēluācrum [2]	Spüle
locus [2] **sēcrētus** *Ort geheimer*	Toilette (Ort)
corōllārium [2]	Trinkgeld
balneī aēnum [2] **caldārium** *Bad[2] Kessel zum-Wärmen-geeigneter*	Warmwasserboiler
vās [3, -is] (n) **excalefactōrium** *Gefäß zum-Erhitzen-geeignetes*	Wärmflasche

aqua [1] **(calidus/frīgidus)**	Wasser (heißes/kaltes)
sella [1] **ēlūtōria** *Sitz zum-Ausspülen-geeigneter*	WC
habitāculum [2] **remulcātum** *Wohnplatz ins-Schlepptau-genommener*	Wohnwagen
tentōrium [2]	Zelt
clāv|is [3, -is] (f) **conclāvis** *Schlüssel Zimmer²*	Zimmerschlüssel
pretium [2] **habitātiōnis** *Preis Wohnunterkunft²*	Zimmerpreis
opertōrium [2], *Decke* **lōdīcula** [1] *gewebte-Decke*	Zudecke

Unterwegs

Eine Berufsgruppe, bei der man es auf den ersten Blick nicht vermutet, trifft man unterwegs: Taxifahrer sind ideal zum Testen Ihres neu erworbenen Latein-Wortschatzes. Dank der schlechten Arbeitsmarktlage verbergen sich hinter dem Steuer nicht selten Studenten oder arbeitslose Geisteswissenschaftler, die das Latinum zur Aufnahme ihres Studiums nachweisen mussten. Testen Sie sie!

zu Fuß

Da das Zentrum Roms menschenüberfüllt und die Straßen sowieso sehr eng und staubig waren, herrschte tagsüber ein Fahrverbot für sämtliche Fahrzeuge. Lastkarren und Ähnliches rollten nur nachts. Man ging zu Fuß oder ließ sich – wenn man es sich leisten konnte – tragen. Vornehme Damen der Gesellschaft zum Beispiel ließen sich besonders gerne in einer Sänfte von Geschäft zu Geschäft transportieren.

Scīsne ubī est ...?
weißt-? wo ist(-es) ...
Weißt du/wissen Sie, wo ... ist?

stati|ō [3, -ōnis] (f) **ferriviāria** *Standort Eisenwege-betreffender*	der Bahnhof
inhibiti|ō [3, -ōnis] (f) **autoraedārum longārum** *Halt Eigenantrieb-Wagen(pl)^{2} lange(pl)^{2}*	die Bushaltestelle
stati|ō [3, -ōnis] (f) **trānsviāriae raedae** *Standort über-Straßen-gehende(pl)^{2} Wagen(pl)^{2}*	die Straßenbahn-Haltestelle
ferrivia [1] **subterrānea** *Eisenweg unterirdischer*	die U-Bahn

Quō itinere perveniam ad ...? (+4)
welcher^{5} Weg^{5} erreichen-möge(-ich) zu^{+4} ...
Wie komme ich zum/zur ...?

forum *(Markt^{4})*	Marktplatz
urbis partem antīquam *Stadt^{2} Teil^{4} antik^{4}*	Altstadt
viridārium *(Lustgarten^{4})*	Park
sēdem lēgātī Germāniae *Sitz^{4} Gesandte^{2} Deutschland^{2}*	deutsche Botschaft
aedem cīvium prōcūrātōris *Haus^{4} Bürger(pl)^{2} Verwalter(sg)^{2}*	Konsulat
pinacothēcam *Gemäldegalerie^{4}*	Gemäldegalerie
cūriam *(Rathaus^{4})*	Rathaus
theātrum *(Theater^{4})*	Theater

Quae rēs aspectābiliōres sunt hīc (in hāc urbe)?
welche Dinge recht-sichtbare sind(-sie) hier (in[+5] diese[5] Stadt[5])
Welche Sehenswürdigkeiten gibt es hier / in dieser Stadt?

Die wichtigsten Richtungshinweise findet man in der rechten inneren Umschlagklappe dieses Buches.

Quae via brevissima dūcit ad ...? (+4)
welcher Weg kürzester führt(-er) zu/nach[+4] ...
Welches ist der kürzeste Weg zu/nach ...?

Quam longē distat ...?
wie(Adv) weit(Adv) auseinanderliegt(-es) ...
Wie weit ist es nach ...?

Longē nōn abest, pedibus īre possumus.
weit(Adv) nicht entfernt-ist, Füße[5] gehen können(-wir)
Nein, wir können zu Fuß gehen.

Ita est, nōbis est vehendum!
so ist(-es), uns[3] ist(-es) zu-fahren
Ja, wir müssen fahren.

mit dem Taxi

Taxiraedam quaerō.
Taxier-Wagen[4] suche(-ich)
Ich möchte ein Taxi.

Expedī, quaesō, taxometrum!
losmach, bitte(-ich), Taxiermessgerät[4]
Bitte stellen Sie das Taxameter an!

Velim pervenīre ad/in ... (+4)
möchte(-ich) hinkommen zu/nach[+4] ...
Ich möchte zu/zum/zur ...

Cōnsiste, quaesō, ad proximum angulum viārium.
stehenbleib, bitte(-ich), bei+4 nächste4 Ecke4 zum-Weg-gehörige
Bitte halten Sie an der nächsten Ecke.

Hīc descendō.
hier herabsteige(-ich)
Ich steige hier aus.

Reliquum tibī est.
Rest dir3 ist(-er)
Der Rest ist für Sie.

mit öffentlichen Verkehrsmitteln

Quō itinere perveniāmus ad cīnēmatographēum / lautam caupōnam?
welcher5 Weg5 hinkommen-mögen(-wir) zu+4 Kino4 / vornehmes4 Wirtshaus4
Wie fahren wir ins Kino / ins Restaurant?

autoraedā *Eigenantrieb-Wagen5*	mit dem Auto
autoraedā longā *Eigenantrieb-Wagen5 langer5*	mit dem Bus
birotā *Zweirad5*	mit dem Fahrrad
pedibus *Füße5*	zu Fuß

rund ums Reisen

birota [1] *(Zweirad)*	Fahrrad
autobirota [1] *Eigenantrieb-Zweirad*	Motorrad
autovolūculum [2] *Eigenantrieb-rollendes*	Motorroller
autoraeda [1] *Eigenantrieb-Wagen*	Auto
autoraeda [1] **longa** *Eigenantrieb-Wagen langer*	Bus
autoraeda [1] **longa nocturna** *Eigenantrieb-Wagen langer nächtlicher*	Nachtbus
ferrivia [1] **subterrānea** *Eisenweg unterirdischer*	U-Bahn
trānsviāria raeda [1] *über-Straßen-fahrender Wagen*	Straßenbahn
trām|en [3, -inis] (n)	Zug
trām|en [3, -inis] (n) **interurbānum** *Zug zwischenstädtischer*	Intercity
trām|en [3, -inis] (n) **interurbānum properātum** *Zug zwischenstädtischer eiliger*	ICE
āeroplanum [2] *(Luftfläche)*, **āeronāv|is** [3, -is] (f) *(Luftschiff)*	Flugzeug
helicopterum [2] *(Sonnenflieger)*	Hubschrauber
it|us [4, -ūs] (m) **et redit|us** [4, -ūs] (m) *Fahrt und Rückfahrt*	Hin- und Rückfahrt
tessera [1] **itūs et reditūs** *Marke Fahrt^2 und Rückfahrt^2*	Rückfahrkarte
tessera [1] **vectōria** *Marke Transport-betreffende*	Fahrkarte
tesserārum portula [1] *Marken(pl)^2 Pförtchen*	Fahrkarten-schalter
trām|en [3, -inis] (n) **adiūnctīcium** *Zug verbindender*	Anschlusszug
hōrārum tabula [1] *(Stunden^2 Liste)*	Fahrplan

Quandō erit mihī ēgrediendum/ trānscendendum?
wann wird-sein mir^{3} *aus-/umzusteigender*
Wann muss ich aussteigen/umsteigen?

Ubī erit mihī trānscendendum / trāmen mūtandum?
wo wird-sein mir^{3} *umzusteigender/Zug*^{4} *zu-wechseln*
Wo muss ich umsteigen?

Ubī erit mihī de trāmine ēgrediendum?
wo wird-sein(-es) mir^{3} *von*$^{+5}$ *Zug*^{5} *auszusteigender*
Wo muss ich aussteigen?

mit dem eigenen Auto

Richtungshinweise	
ā sinistrā	links
ā dextrā	rechts
dīrectē	geradeaus
retrō	zurück

Quō itinere perveniam ad strātam autocīnēticam?
welcher^{5} *Weg*^{5} *hinkommen-möge(-ich) zu*$^{+4}$ *Straße*^{4} *Eigenantrieb-Fahrzeuge-betreffende*
Wie komme ich zur Autobahn?

Tibī est flectendum sinistrōrsum/dextrōrsum.
dir^{3} *ist zu-biegender nach-links*^{4}*/nach-rechts*^{4}
Sie müssen nach links/rechts abbiegen.

Vōbis est vehendum in dīrectum.
euch^{3} *ist zu-biegender in gerader-Richtung*^{4}
Ihr müsst geradeaus fahren.

Mōnstrā id in tabulā geōgraphicā, quaesō!
zeig das^{4} *auf*$^{+5}$ *Liste*^{5} *erdkundliche*^{5}*, bitte(-ich)*
Bitte zeigen Sie mir das auf der Karte!

Himmelsrichtungen
septentriōn|ēs [3, -um] (m pl) Norden
orien|s [3, -tis] (m) Osten
merīdi|ēs [5, -ēī] (m) Süden
occiden|s [3, -tis] (m) Westen

rund ums Auto fahren

profecti|ō [3, -ōnis] (f) *(Abreise)*	Abfahrt
dēverticulum [2] *(Nebenweg)*	Abzweigung
sēmaphorum [2] *(Zeichenträger)*	Ampel
exit|us [4, -ūs] (m) *(Ausgang)*	Ausfahrt
access|us [4, -ūs] (m) *(Zugang)*	Auffahrt
strāta [1] **autocīnētica** *Straße Eigenantrieb-Fahrzeuge-betreffende*	Autobahn
access|us [4, -ūs] (m) **strātae autocīnēticae** *Zugang Straße² Eigenantrieb-Fahrzeuge-betreffende²*	Autobahn-zubringer
crepid|ō [3, -inis] (f) *gemauerter-Vorsprung*	Bahnsteig
via [1] **prīmāria** *Weg ausgezeichneter*	Bundesstraße
via [1] **ūnīus cursūs** *Weg einer² Richtung²*	Einbahnstraße
āeriport|us [4, -ūs] (m) *(Lufthafen)*	Flughafen
orbita [1] *(Wagengleis)*	Gleis
trivium [2] *(Dreiweg)*	Kreuzung
curvām|en [3, -inis] (n) *Krümmung*	Kurve
via [1] **pūblica** *(Weg öffentlicher)*	Landstraße
ārea [1] **statīva** *Fläche feststehende*	Parkplatz
curruum trānsit|us [4, -ūs] (m) *Wagen(pl)² Übergangsort*	Rastplatz
fundula [1] *(kleiner-Beutel)*	Sackgasse
lātior via [1] **vehiculāris** *breitere Straße Fahrzeuge-betreffende*	Schnellstraße
coacervāti|ō [3, -ōnis] (f) **vehiculāria** *Zusammenhäufung Fahrzeuge-betreffende*	Stau
strāta [1]	Straße
via [1]	Weg

wichtige Verben rund ums Reisen

autoraedam dūcere [3, dūcō, dūxī, ductum] *Eigenantrieb-Wagen⁴ führen*	Auto fahren
pro|ficīscī [3, -ficīscor, -fectus sum] (Dep)	ab-/losfahren, aufbrechen
cōn|sistere [3, -sistō, stitī]	anhalten, stehen bleiben
(cinctūram sēcūritātis)	(Sicherheitsgurt)
ac|cingere [3, -cingō, -cīnxī, -cīnctum] *(Gürtel⁴ Sicherheit²) umgürten*	sich anschnallen
accelerāre [1]	beschleunigen
frēnāre [1]	bremsen
būcināre [1] *(hornblasen)*	hupen
(autoraedam) statuere [3, -tuō, -tuī, -tūtum] *(Eigenantrieb-Wagen⁴) hinstellen*	parken
āvolāre [1]	starten, abfliegen (Flugzeug)
māchināmentum incitāre [1] *Motor⁴ antreiben*	den Motor starten
praeter|īre [-eō, -iī, -itum]	überholen, vorbeigehen
trans|īre [-eō, -iī, -itum] *hinübergehen*	überqueren
circum|agere [3, -agō, -ēgī, -āctum]	umdrehen

an der Tankstelle

taberna [1] **benzīnāria** *Laden Benzin-betreffender*	Tankstelle
benzīnī distribūt|or [3, -ōris] (m), *Benzin² Verteiler*	Tankwart
benzīnārius [2] *(Benzin-Betreffender)*	

columna [1] **effūsōria** *Säule ausgießende*	Zapfsäule
conceptāculum [2]	Tank (Behälter)
benzīnum re|cipere [5, -cipio, -cēpī, -ceptum] *Benzin[4] aufnehmen*	tanken
benzīnum [2] **rēgulāre** *Benzin normales*	Normalbenzin
super benzīnum [2] *super Benzin*	Super
oleum [2] **Dīseliānum** *Öl Diesel-*	Diesel
benzīnum [2] **plumbātum** *Benzin verbleites*	verbleit
benzīnum [2] **nōn plumbātum** *Benzin nicht verbleites*	unverbleit
oleum [2]	Öl
commūtāti|ō [3, -ōnis] (f) **oleī** *Auswechseln Öl[2]*	Ölwechsel
antigelidum [2] *Gegen-Einfrierung*	Frostschutz-mittel
pressi|ō [3, -ōnis] (f) **pneumātica** *Druck Luftfüllung-betreffender*	Reifendruck

Autoteile/-zubehör & Werkzeug

lūmin|ar [3, -āris] (n) **dēmissum** *Leuchte niedergeschlagene*	Abblendlicht
saccus [2] **āerius** *Sack luftiger*	Airbag
curr|us [4, -ūs] (m) **annexus** *Wagen verbundener*	Anhänger
con|iungere [3, -iungō, -iūnxi, -iūnctus] *(verknüpfen)*	ankuppeln

incitāti|ō [3, -ōnis] (f) **māchinātiōnis** *Antrieb Mechanismus²*	Anlasser
cinctūra [1] **sēcūritātis** *Gürtung Sicherheit²*	Anschnallgurt
sēd|ēs [3, -is] (f) **convectōris** *Sitz Reisegefährte²*	Beifahrersitz
numerus [2] **quadrī** *Nummer Viereck²*	Fahrgestell-nummer
pedā|e [3, -is] (n) **gāsī/ accelerātiōnis** *Fußhebel Gas²/Beschleunigung²*	Gaspedal
cylindrī amplitūd|ō [3, -inis] (f) *Zylinder² Größe*	Hubraum
receptāculum [2] **sarcinārum** *Behälter zum-Gepäck-gehörig*	Kofferraum
cōpulāti|ō [3, -ōnis] (f) *Verknüpfung*	Kupplung
pedāl|e [3, -is] (n) **cōpulātiōnis** *Fußhebel Verknüpfung²*	Kupplungspedal
mōtōrium [2], **māchināmentum** [2]	Motor
lūmin|ar [3, -āris] (n) **nebulāre** *Leuchte Nebel-*	Nebelschein-werfer
duct|us [4, -ūs] (m) **oleārius** *Leitung für-Öl*	Ölleitung
antlia [1] **oleāria** *(Pumpe für-Öl)*	Ölpumpe
virga [1] **oleometrica** *Stab zur-Ölmessung*	Ölstab
speculum [2] **retrōscopium** *Spiegel zur-rückwärtigen-Prüfung*	Rückspiegel
sēd|ēs [3, -is] (f) **posterior** *Sitz hinterer*	Rücksitz
lucerna [1] *(Lampe)*	Scheinwerfer
lūmin|ar [3, -āris] (n) **statārium** *Leuchte feststehende*	Standlicht

antipulsōrium [2] *Gegen-Schlagvorrichtung*	Stoßdämpfer
contus [2] **tūtōrius** *Stange zum-Sichern*	Stoßstange
conceptaculī operculum [2] *Tank[2] Deckel*	Tankdeckel
māchināti|ō [3, -ōnis] (f) **ā displōsiōne** *Mechanismus durch[+5] Zersprengung[5]*	Verbrennungs- motor
refrīgerātōrium [2] **autocīnēticum** *Abkühlungsvorrichtung* *Eigenantrieb-Fahrzeug-*	Wasserkühler
cantus [2] **hiemālis** *Radreifen winterlich*	Winterreifen

Unfall & Panne

Coët|us [4, -ūs] (m) **Autocīnētica** **Germānica** *Verein Eigenantrieb-Fahrzeug- deutscher*	ADAC
remulcum [2] *(Schlepptau)*	Abschleppseil
carr|us [4, -ūs] (m) **remulcandī** *Wagen zurückzuziehender[2]*	Abschleppwagen
alcoholimetria [1]	Alkoholmessung
postīca collīsi|ō [3, -ōnis] (f) *Hinterseite- Zusammenstoß*	Auffahrunfall
māchinārius [2] **autocīnēticus** *Maschinist Eigenantrieb-Fahrzeug-*	Automechaniker
chartae [1] **autocīneticae** *Papiere Eigenantrieb-Fahrzeug-*	Autopapiere
autocīnētōrum collisi|ō [3, -ōnis] (f) *Eigenantrieb-Fahrzeuge[2] Zusammenstoß*	Autounfall
officīna [1] **autocīnētica** *Werkstatt Eigenantrieb-Fahrzeug-*	Autowerkstatt

diplōma [1] **vehiculīs gubernandīs** *Urkunde Fahrzeuge⁵ zu-lenkende⁵*	Führerschein
damnum [2] **motoriī** *Schaden Motor²*	Motorschaden
cantī perforāti|ō [3, -ōnis] (f) *Reifen² Durchbohrung*	Reifenpanne
commūtāti|ō [3, -ōnis] (f) **cantī** *Auswechseln Reifen²*	Reifenwechsel
cas|us [4, -ūs] (m) **viārius** *Unfall Weg-betreffender*	Verkehrsunfall
thēca [1] **vinctūrae** *Behälter Verband²*	Verbandskasten
lamp|as [3, -ādis] (f) **monitōria** *Leuchte warnende*	Warnleuchte
triangulum [2] **monitōrium** *Dreieck warnendes*	Warndreieck

Krank sein

Ihr nächster Arztbesuch bietet sich dafür an, Ihre Lateinkenntnisse zu testen. Ein Arzt, ebenso ein Apotheker, sollte sich mit Ihnen auf Latein verständigen können. Seine Antwort wird vielleicht ein Gemisch aus griechischen und lateinischen Vokabeln sein.

auxilium [2] **prīmum** *(Hilfe erste)*	erste Hilfe
curr|us [4, -ūs] (m) **valētūdinārius** *Wagen für-Patienten-geeigneter*	Krankenwagen
valētūdinārium [2], **clīnicum** [2]	Krankenhaus
sēd|ēs [3, -is] (f) **cūrātiōnis valēntissimae** *Sitz Behandlung² sehr-wichtige²*	Intensivstation

medicus [2] **prīmarīus** *Arzt ausgezeichneter*	Chefarzt
īnfirmāriārum cūrātr|īx [3, -icis] (f) *(Kranken-betreffende-Belange[2] Verwalterin)*	Oberschwester
īnfirmāria [1]	Krankenschwester
īnfirmārius [2]	Krankenpfleger
assēcūrāti|ō [3, -ōnis] (f) **aegrōtōrum** *Versicherung Kranke(pl)[2]*	Krankenkasse
locūtōrium [2] **medicī** *Sprechzimmer Arzt[2]*	Arztpraxis
locūtōrium taxa [1] *Sprechzimmer[2] Gebühr*	Praxisgebühr
assistr|īx [3, -icis] (f) **in cubīculō medicō** *Assistentin in[+5] Sprechzimmer[5] ärztliches[5]*	Arzthelferin
aegrōtus [2] **(prīvātus)** *Kranker (privater)*	(Privat-)Patient
medicus [2] **practicus,** **medicus** [2] **ūniversālis** *Arzt allgemeiner*	Allgemeinarzt
medicus [2] **oculārius** *Arzt Augen-*	Augenarzt
gynaecologus [2]	Gynäkologe
medicus [2] **interiōrum** *Arzt inneren(pl)[2]*	Internist
medicus [2] **morbīs collī auriumque nāsōrumque** *Arzt Krankheiten[5] Hals[2] Ohren[2]-und Nasen[2]-und*	Hals-Nasen-Ohren-Arzt
cardiologus [2]	Kardiologe
psychoanalysta [1] (m+f)	Psychoanalytiker
ūrologus [2]	Urologe
medicus [2] **dentārius** *Arzt Zähne-betreffender*	Zahnarzt

Wehe dem, der im Alten Rom so ernsthaft krank wurde, dass er einen Arzt benötigte! Die ersten Ärzte kamen aus Griechenland. Nicht selten waren sie Sklaven bzw. Freigelassene. Bis dahin bestand die Medizin aus einer vom pater familiās *verwalteten Sammlung an Hausrezepten* (medicīna domestica). *Vielversprechende Heilmittel waren neben Wein und Kohl auch Wolle und Öl und natürlich eine gehörige Portion Magie.*

Hilfe!

Das Latinum wird zwar an den meisten Universitäten in Deutschland weder für Medizin oder Zahnmedizin noch für Pharmazie verlangt, jedoch müssen angehende Halbgötter in Weiß eine so genannte Terminologie-Prüfung ablegen.

Auxiliō! / Adiūvate!
zu-Hilfe^{5} / helft
Hilfe!

Medicō indigeō!
Arzt^{5} brauche(-ich)$^{+5}$
Ich brauche einen Arzt.

Ārdet!
brennt(-es)
Es brennt!

Servāte animās nostrās!
rettet Seelen^{4} unsere^{4}
SOS!

Infirmus/infirma sum.
schwach(m/f) bin
Mir ist schlecht.
(sagt Mann/Frau)

Animus mē relinquit.
Geist mich^{4} verlässt(-er)
Ich werde ohnmächtig.

Dolorē afficior.
Schmerz^{5} erfüllt-bin
Ich habe Schmerzen.

Casum ferēbāmus.
Unfall^{4} erlitten(-wir)
Wir hatten einen Unfall.

Amīca mea vulnerāta est.
Freundin meine verletzte(f) ist(-sie)
Meine Freundin ist verletzt.

beim Arzt

Quā valētūdine es?
welche^{5} Gesundheit^{5} bist
Wie steht es mit Ihrer Gesundheit?

Nōn optimē sānē!
nicht bestens(Adv) sehr(Adv)
Nicht sehr gut!

Quid habēs morbī?
was^{4} hast Krankheit^{2}
Was hast du/haben Sie für eine Krankheit?

Quid tibī animī est?
was^{4} dir^{3} Seele^{2} ist
Wie fühlst du dich/fühlen Sie sich?

explōrāti|ō [3, -ōnis] (f) **medica** *Untersuchung medizinsche*	Untersuchung
causārum morbī recogniti|ō [3, -ōnis] (f) *(Gründe[2] Krankheit[2] Erkenntnis)*	Diagnose
radiographia [1]	Röntgenaufnahme
ultrasonit|us [4, -ūs] (m)	Ultraschall
pul|us [4, -ūs] (m)	Puls
sangu|is [3, -inis] (m)	Blut
pressi|ō [3, -ōnis] (f) **sanguinis** *Druck Blut[2]*	Blutdruck
hypertēnsi|ō [3, -ōnis] (f)	Blutdruck, hoher
hypotonia [1]	Blutdruck, niedrig
ūrīna [1]	Urin
vaccīnum in|icere [5, -iciō, -iēcī, -iectum] *Impfstoff[4] einjagen*	impfen
iniecti|ō [3, -ōnis] (f) **in vēnās** *Injektion in[+4] Venen[4]*	intravenöse Injektion
iniecti|ō [3, -ōnis] (f) **intrā musculōs** *Injektion innerhalb[+4] Muskeln[4]*	intramuskuläre Injektion
infusi|ō [3, -ōnis] (f)	Infusion
cathet|ēr [3, -ēris] (n)	Katheter
operāti|ō [3, -ōnis] (f)	Operation

Im Alten Rom durfte sich jeder Arzt nennen, und es war einfach ein Glücksfall, wenn man an einen geriet, der sein Handwerk verstand, denn die Ausbildung erfolgte nach dem Prinzip „learning by doing“, also discere in agendō!

Quōmodo valēs?
welche-Art befindest(-dich)
Wie geht es dir/Ihnen?

Vix mediocrī!
kaum mittelmäßig[5]
Sehr mäßig!

Tōnsillīs īnflammātīs labōrō.
Mandeln[5] entzündete[5] leide(-ich)
Ich habe eine Mandelentzündung.

Tussiō.
huste(-ich)
Ich huste.

Gravida (in mēnse tertiō) sum.
schwangere(f) (in[+5] Monat[5] dritter[5]) bin
Ich bin (im 3. Monat) schwanger.

Krank sein

An Stelle von aliquō *können die Substantive (allerdings im Ablativ gebeugt) der folgenden Tabelle gesetzt werden.*

Aliquō labōrō.
irgendetwas[5] leide(-ich)
Ich habe irgendetwas.

Cecidī.
gestürzt-bin
Ich bin gestürzt.

morbus [2]	Krankheit
allergia [1]	Allergie
appendicīti|s [3, -dis] (f) *Anhängselkrankheit*	Blinddarm-entzündung
urgen|s [-tis]	dringend
prōfluvium [2]	Durchfall
vom|ere [3, -ō, -ui, -itum]	(sich) erbrechen
īnflāmmāti|ō [3, -ōnis] (f)	Entzündung
perfrīcti|ō [3, -ōnis] (f)	Erkältung
febr|is [3, -is] (f)	Fieber
grippa [1]	Grippe
īnfarctus [2] **myocardiī** *(Gefäß-)Verstopfung Herzmuskel[2]*	Herzinfarkt
angīna [1] **pectoris** *Schmerz Brust[2]*	Herzkrampf
impulsōrium [2] **cardiacum** *Antriebsgerät Herz-betreffendes*	Herzschrittmacher
tuss|is [3, -is] (f)	Husten
frāctūra [1] **ossea** *Bruch Knochen-*	Knochenbruch
dol|or [3, -ōris] (m) **capitis** *Schmerz Kopf[2]*	Kopfschmerz
cōm|a [3, -atis] (n)	Koma
spasmus [2] **mūsculāris** *Krampf muskulärer*	Muskelkrampf
animī dēfecti|ō [3, -ōnis] (f) *Bewusstsein[2] Schwinden*	Ohnmacht
aurium dol|or [3, -ōris] (m) *Ohren(pl)[2] Schmerz*	Ohrenschmerz
apoplēxia [1]	Schlaganfall
dēstīllāti|ō [3, -ōnis] (f)	Schnupfen

vertīg|ō [3, -inis] (f)	Schwindel
combusti|ō [3, -ōnis] (f)	Verbrennung
cōnstīpāti|ō [3, -ōnis] (f)	Verstopfung
infecti|ō [3, -ōnis] (f) **vīrōrum** *Ansteckung Viren²*	Virusinfektion
vuln|us [3, -eris] (n)	Wunde
dol|or [3, -ōris] (m) **dentium** *Schmerz Zähne²*	Zahnschmerz

der Körper

Auris mihī dolet.
Ohr mir³ schmerzt
Mein Ohr tut weh.

Oculi mihī dolent.
Augen mir³ schmerzen(-sie)
Meine Augen tun weh.

bracchium [2]	Arm
oculus [2]	Auge
vent|er [3, -ris] (m)	Bauch
pancrea|s [3, -tis] (n)	Bauchspeicheldrüse
crū|s [3, -ris] (n)	Bein (a.: Unterschenkel)
vēsīca [1] **ūrīnāria** *Blase Urin-*	Harnblase
pect|us [3, -oris] (n)	Brust (Brustkorb)
mamma [1]	(weibl.) Brust
intestīnum [2]	Darm
cubītum [2]	Ellenbogen
digitus [2]	Finger
ungu|is [3, -is] (m)	Finger-/Zehennagel
pēs [3, pedis] (n)	Fuß
fel [3, fellis] (n)	Galle
nat|ēs [3, -ium] (f pl)	Gesäß
faci|ēs [3, -ēī] (f)	Gesicht
pilus [2]	(einzelnes) Haar
capilli [2] (m pl)	Haare (Haupthaar)
collum [2]	Hals

Kommt Zeit, kommt Rat!

man|us [4, -ūs] (f)	Hand
cor [3, cordis] (n)	Herz
scrotum [2]	Hoden
mandibula [1]	Kinn
gen|ū [4, -ūs] (n)	Knie
os [3, ossis] (n)	Knochen
cap|ut [3, -itis] (n)	Kopf
hēpat|ia [2, -ōrum] (n pl), **iec|ur** [3, -oris] (n)	Leber
labium [2]	Lippe
pulm|ō [3, -ōnis] (m)	Lunge
stomachus [2]	Magen
ōs [3, ōris] (n)	Mund
mūsculus [2]	Muskel
nāsus [2]	Nase
nervus [2]	Nerv
rēn|ēs [3, -um] (m pl)	Nieren
aur|is [3, -is] (f)	Ohr
organum [2], **membrum** [2]	Organ
pēn|is [3, -is] (m)	Penis
tergum [2]	Rücken
vāgīna [1]	Scheide
frōn|s [3, -tis] (f)	Stirn
dēn|s [3, -tis] (m)	Zahn
digitus [2]	Zehe
lingua [1]	Zunge (a.: Sprache)

Quaerō apocham singillātim ēnārrātam pro assēcūrātiōne aegrōtōrum.
suche Quittung⁴ einzeln(Adv) aufgeführt⁴ für⁺⁵ Versicherung⁵ Kranke(pl)²
Ich möchte eine detaillierte Quittung für die Krankenversicherung.

Allergiā contrā Aspīrīnum/Novalgīnum labōrō.
Allergie⁵ gegen⁺⁴ Aspirin⁴/Novalgin⁴ leide(-ich)
Ich habe eine Allergie gegen Aspirin/Novalgin.

Allergicus/allergica contrā antibiōtica sum.
allergisch(m/f) gegen[+4] Antibiotika[4] bin
Ich bin allergisch gegen Antibiotika.
(sagt Mann/Frau)

Apotheke

taberna [1] **medicāmentāria** *Laden Medikamente-betreffender*	Apotheke
praeceptum [2] **medicum** *Verordnung medizinische*	Rezept
obligāti|ō [3, -ōnis] (f) **praecipiendī** *Verpflichtung Verschreiben[2]*	Verschreibungspflicht
solūti|ō [3, -ōnis] (f) **additiōnālis** *Zahlung zusätzliche*	Zuzahlung
medicīna [1], **medicām|en** [3, -inis] (n)	Medikament
cērātum [2]	Pflaster
fascia [1]	Verband
pāstillus [2], **tabuletta** [1], **pilula** [1]	Tablette, Pille
pilula [1] **anticonceptīva** *Pille gegen-Empfängnis-*	Antibabypille
unguentum [2]	Salbe
thermometrum [2] **medīcināle** *Wärmemesser medizinischer*	Fieberthermometer
pillulae [2] **cephalicae** *Pillen Kopf-betreffende*	Kopfschmerztabletten
remedium [2] **antodontalgicum** *Arznei gegen-Zahnschmerzen-betreffende*	Zahnschmerzmittel

Remediī contrā dolōrēs indigeō.
Heilmittel[2] gegen[+4] Schmerzen[4] benötige(-ich)[+2]
Ich brauche ein Schmerzmittel.

Auf dem Amt

Erledigungen auf Ämtern sind auch in der Muttersprache nicht immer einfach.

permissi|ō [3, -ōnis] (f) **mānsiōnis** *Erlaubnis Aufenthalt[2]*	Aufenthaltsgenehmigung
magistrāt|us [4, -ūs] (m)	Amt
cōnscrī|bere [3, -bō, -psī, -ptum]	ausstellen
officiāl|is [3, -is] (m+f)	Beamter/-in
sēd|ēs [3, -is] (f) **lēgātī** *Sitz Gesandter[2]*	Botschaft
... Germāniae *(Deutschland[2])*	... Deutschlands
... Helvētiae *(Schweiz[2])*	... der Schweiz
... Austriae *(Österreich)*	... Österreichs
fūr [3, fūris] (m)	Dieb
probāti|ō [3, -ōnis] (f) **commeātiōnis** *Prüfung Verkehr-*	Fahrzeugkontrolle
litterae [1] **autocinetī** *Papiere Eigenantrieb-Fahrzeuge[2]*	Fahrzeugpapiere
fōrmula [1]	Formular
impēns|ae [1, -ārum] (f pl)	Gebühren
litterae [1] **nātāliciae** *Dokumente Geburten-*	Geburtsurkunde
validus ūsque [+4]	gültig bis
aed|ēs [3, -is] (f) **cīvium prōcūrātōris** *Haus Bürger(pl)[2] Verwalter(sg)[2]*	Konsulat
īnspecti|ō [3, -ōnis] (f)	Kontrolle
litterae [1]	Papiere
pūblicae sēcūritātis praefectūra [1] *öffentliche[2] Sicherheit[2] Verwaltung*	Polizei (als Institution)

custō|s [3, -dis] (m+f) **pūblicus/pūblica** *Wächter(m+f) öffentlicher(m/f)*	Polizist/-in
cūria [1] **(mūnicipālis)** *Rathaus (städtisches)*	Rathaus
latr|ō [3, -ōnis] (m), **pred|ō** [3, -ōnis] (m)	Räuber
syngraphus [2]	Reisepass, Personalausweis
fūr|ārī [1, -or] (Dep)	stehlen
sigillum [2]	Stempel (Siegel)
sīignātōrium [2]	Stempel (Gerät)
sacculārius [2]	Taschendieb
impetum facere [5] (in aliquem) *Überfall[4] machen (auf[4] jemanden[4])*	(jdn.) überfallen
oppr|imī [3, oppr|imere, -imō, -essī, -essum]	überfallen werden
inhibiti|o [3, -ōnis] (f)	Verbot
struprāre [1]	vergewaltigen
perd|ere [3, -ō, -idī, -itum]	verlieren
prōrogāre [1]	verlängern
administrāti|ō [3, -ōnis] (f)	Verwaltung
telōneum [2]	Zollamt
expedīti|ō [3, -ōnis] (f) **telōnialis** *Abfertigung Zoll-*	Zollabfertigung
vectīg|al [3, -ālis] (n)	Zoll (auf Waren)
vectīgal pendere [3] *Abgabe[4] bezahlen*	(etw.) verzollen

Spoliātus/spoliāta sum.
beraubt-worden(m/f) bin
Man hat mich beraubt. *(sagt Mann/Frau)*

Litterās meās / pecūniam meām perdidī.
Papiere[4] meine[4] / Geld[4] mein[4] verloren-habe
Ich habe meine Papiere/mein Geld verloren.

Post, Telefon & Internet

Viele Begriffe, die moderne Errungenschaften bezeichnen und die wir so selbstverständlich in unseren Sprachgebrauch integrieren, sind lateinischen Ursprungs. Man macht sich nicht bewusst, wie „alt" diese Wörter eigentlich sind; z. B. „Computer" (von computāre „rechnen") oder cursor (Läufer).

Tēlephōnarem.
telefonieren-möchte(-ich)
Ich möchte telefonieren.

Quis loquitur?
wer spricht(-er/-sie)
Hallo?

Heus! Hīc Nicola loquitur.
hallo, hier Nicole spricht(-sie)
Hallo. Hier spricht Nicole.

Alexander dēest.
Alexander abwesend-ist
Alexander ist nicht da.

Ūnum mōmentum tempōris.
eins[4] Augenblick[4] Zeit[2]
Einen Moment.

Licetne mihī cum Alexandro colloqui.
erlaubt-sei(-es)-? mir[3] mit[+5] Alex.[5] sprechen(Dep)
Ich möchte mit Alexander sprechen.

occupātus	besetzt
automatāria māchina [1] **tēlephōnica** *automatische Maschine telefonische*	Anrufbeantworter
epistula [1], **litterae** [1] (f pl)	Brief (privater)
pittacium [2] **cursuāle** *Klebeschildchen Briefe-*	Briefmarke
missi|ō [3, -ōnis] (f) **cōnsīgnāta** *Sendung bestätigte*	Einschreiben
coniūncti|ō [3, -ōnis] (f) **mendōsa** *Verbindung fehlerhafte*	falsch verbunden
ind|ex [3, -icis] (m) **tēlephōnicus negōtiālis** *Anzeiger telefonischer geschäftlicher*	Gelbe Seiten
tēlephōnicum colloquium [2] *telefonische Unterredung*	Gespräch
stilus [2] **sphaerātus** *Schreibgriffel kugelig*	Kugelschreiber
tēlephōnum [2] **portābile** *Telefon tragbares*	Mobiltelefon
fasciculus [2]	Päckchen
fasc|is [3, -is] (m) **cursual|is** [-is]	Paket (Post-)
vectūrae pretium [2] *(Fracht[2] Preis)*	Porto
diribitōrium [2] **cursuāle** *Gebäude Briefe-*	Post (Gebäude)
ONB, Abk. für **Officium** [2] **nuntiis brevibus** *Dienst Nachrichten[3] kurze(pl)[3]*	SMS
catalogus [2] **tēlephōnicus** *Verzeichnis telefonisches*	Telefonbuch
tēlephōnāre [1]	telefonieren
tēlephōnica cōnexi|ō [3, -ōnis] (f) *telefonische Verbindung*	Telefonverbindung
cella [1] **tēlephōnica** *Zelle telefonische*	Telefonzelle

Der Römer verschickte eilige Nachrichten pedibus *(zu Fuß),* equō *(zu Pferd) und* nāvī *(per Schiff). Die Briefe wurden meistens auf Pergament, dünnen Holztäfelchen oder Papyrus geschrieben und versiegelt. Der reiche Bürger besaß dafür spezielle Laufsklaven. Wer sich keinen eigenen Boten leisten konnte, gab seine Post einem der* tabellāriī *(Briefboten), der sie mitnahm, wenn er für seinen Herrn in die gewünschte Richtung lief.*

Salvē! Hīc loquitur automatāria māchina tēlephōnica Carminis Nebulae.
sei-gegrüßt, hier spricht automatische Maschine telefonische Carmen^{2} Nebel^{2}
Hallo! Hier ist (spricht) der automatische Anrufbeantworter von Carmen Nebel.

Doleō nunc domō abesse.
bedaure(-ich) nun (zu-)Hause^{3} abwesend-sein
Ich bin leider momentan nicht zu Hause.

Dīc, quaesō, post hoc signī sonum ...
sprich, bitte(-ich), nach^{+4} diesem^{4} Signal^{2} Ton^{4} ...
Bitte sprich / sprechen Sie (eine Nachricht) nach dem Signalton ...

Ubī cafēum cum cōnexiōne internātionāle computātōriā est?
wo Café mit^{+5} Verbindung^{5} internationale^{5} Computer-betreffend^{5} ist
Wo finde ich ein Internetcafé?

programma [1] **ad virōs cōgnōscendum** *Programm zu^{+4} Viren^{4} Erkennen^{4}*	Anti-Viren-Programm
nōm|en [3, -inis] (n) **rēctōris (= quī ūtitur computātrō)** *Namen Bediener^{2} (= welcher bedient Computer^{5})*	Benutzername
mōtus [2] **ēlectronicus DDC-MSL (= discōrum datīs conditīs – memoriā solum legendō)** *Antrieb elektronischer DC-MSL (= Scheiben^{2} Daten^{5} gespeicherte^{5} – Erinnerung^{5} nur(Adv) Lesen^{5})*	CD-ROM-Laufwerk
officium [2] **prō commūnicātiōne computātōriā internātiōnāle** *(Dienst für^{+5} Unterredung^{5} Computer-betreffende^{5} internationale^{5})*	Chatroom
commūnicāre (cum aliquō) per rēticulātiōnem computātōriam internātiōnālem *(verkehren (mit^{+5} jemand^{5}) durch^{+4} Netzwerk^{4} Computer-betreffendes^{4} internationales^{4})*	chatten
computātrum [2]	Computer
virus [2] **computātrī** *(Gift Computer^{2})*	Computervirus
curs|or [3, -ōris] (m) *(Läufer)*	Cursor

mōtus [2] **ēlectronicus DDC (= discōrum datīs conditīs)** *(Antrieb elektronischer DDC (= Scheiben[2] Daten[5] gespeicherte[5]))*	Diskettenlaufwerk
extrahere data ē rēticulātiōne computātōriā internātiōnāle *(herausziehen Daten[4] aus[+5] Netzwerk[5] Computer-betreffendes[5] internationales[5])*	downloaden (Daten aus dem Internet)
īnstrūmentum [2] **typographicum** *Gerät Druck-betreffendes*	Drucker
ēlectronica datōrum tractāti|ō [3, -ōnis] (f) *elektronische Daten[2] Behandlung*	EDV
epistula [1] **electrōnica** *(Brief elektronischer)*	E-Mail
discus [2] **dūrus** *Scheibe harte*	Festplatte
effrāctārius [2] **in systēmata computātōria aliēna** *Einbrecher in[+4] System[4] Computer-betreffendes[4] fremdes[4]*	Hacker
partēs [3, par|s, -tis (f)] **māchinae** *(Teile Maschine[2])*	Hardware
rēticulāti|ō [3, -ōnis] (f) **computātōria internātionālis** *Verbindung Computer-betreffende internationale*	Internet
nōm|en [3, -inis] (n) **accessiōnis** *(Namen Zugang[2])*	Kenn-/Passwort
monitōrium [2] *(Mahner/Warner)*	Monitor
ministrāt|or [3, -ōris] (m) **accessūs rēticulātiōnem computātōriam internātiōnālem** *(Dienstleister Zugang[2] Netzwerk[4] Computer-betreffendes[4] internationales[4])*	Provider
apparatus [2] **electronicus temptābundus** *Apparat elektronischer umhertastender*	Scanner
partēs [3, par|s, -tis (f)] **programmātiōnis** *Teile Programmierung[2]*	Software
conditōrium [2]	Speicher
conditōrium [2] **virtuāle** *(Speicher virtueller)*	virtueller Speicher
con|dere [3, -dō, -didī, -ditus]	speichern
quaerere informationēs ē rēticulātiōne computātōriā internātiōnāle *(suchen[+4] Begriffe[4] aus[+5] Netzwerk[5] Computer-betreffendes[5] internationales[5])*	surfen (im Internet)
pāgina[1] **ē rēticulātiōne computātōriā mundiāle** *Seite aus[+5] Netzwerk[5] Computer-betreffendes[5] weltweites[5]*	Website
data [2] (n pl) **accessiōnis** *(Daten Zugang[2])*	Zugangsdaten

Toilette & Co.

Komfortable Stadthäuser hatten eigene Aborte, die an den Abwasserkanal cloāca *angeschlossen waren. In den* īnsulae *(Mietshäusern) suchte man sich ein passendes Gefäß.*

Ein wunderbarer Kommunikationsknotenpunkt der Antike ist uns heute (leider?) verloren gegangen. Im Alten Rom war der Toilettenbesuch eine gute Gelegenheit, um Leute kennen zu lernen. Man(n) saß in einem Raum auf Steinbänken einträchtig nebeneinander und kam beim „Geschäft" ins Gespräch, debattierte über Politik, verabredete sich zum Essen. Abtrennungen, wie sie heute auf öffentlichen Toiletten üblich sind, hätten die Kommunikation natürlich empfindlich gestört.

Mir ist irgendwas in die Toilette gefallen!

Ubī locus sēcrētus est?
wo Ort geheimer ist
Wo ist die Toilette?

Lātrīna obstructa est.
Abort verstopfter ist
Die Toilette ist verstopft.

Hīc male olet.
hier schlecht(Adv) riecht(-es)
Hier stinkt's.

Lātrīna lutulentissima est.
Abort sehr-kotiger ist
Die Toilette ist sehr dreckig.

Ubī alvum meum exonerāre mihī licet?
wo Unterleib[4] mein[4] erleichtern mir[3] erlaubt-ist
Wo kann ich mich erleichtern?

fascia [1]	Binde
pēniculus [2]	Bürste
cērōma [3, -tis] (n)	Creme, Lotion
manutergium [2]	Handtuch
pect|en [3, -inis] (m)	Kamm
instrumentum [2] **unguibus resecandis** *Instrument Nägel[5] zu-schneidende(pl)[5]*	Nagelfeile
resectōrium [2]	Nagelschere
mūcinnium [2] **charteum** *Nasenschleimtuch papierenes*	Papiertaschentuch
rasōrium [2] **electricum** *Schermesser elektrisches*	Rasierapparat
barbam rāsitāre [1], *Bart[4] rasieren* **rā|dere** [3, -dō, -sī, -sum]	rasieren
lāmina [1] **tōnsōria** *Klinge Rasur-*	Rasierklinge
linimentum [2] **tōnsōrium** *Schmieröl Rasur-*	Rasierwasser
sāp|ō [3, -ōnis] (m)	Seife
capitilāvium [2] *Kopfwaschmittel*	Shampoo
fasciola [1] **subligāris** *kleine-Binde Slip[2]*	Slipeinlage
obtūrāmentum [2] *Verstopfendes*	Tampon
charta [1] **pūrgātōria** *Papier Säuberungs-*	Toilettenpapier
panni [2] (m pl) **Sueticī** *Lappen(pl) schwedische(pl)*	Wegwerfwindeln (Baby-)
incūnābula [2] (n pl)	Windeln (Stoff-)
dentēs fricāre [1] *Zähne[4] abreiben*	Zähne putzen
dentifricium [2]	Zahnpulver/-pasta
dentiscalpia [1]	Zahnstocher

rund um die Hygiene

Urinieren konnte man (als Mann) im Alten Rom umsonst: Gerber und Wollmüller brauchten Urin für ihr Gewerbe und hatten vor ihren Werkstätten Kannen aufgestellt, in die sich (nur) Männer erleichtern konnte.

Locī sēcrētī magnopere indigeō.
Ort[2] geheimer[2] dringend(Adv) brauche(-ich)+2
Ich muss zur Toilette.

Prōfluviō/constipatiōne alvī labōrō.
Durchfall[5]/Verstopfung[5] Bauch[2] leide(-ich)+5
Ich habe Durchfall/Verstopfung.

Ubī manūs meās lavāre mihī licet?
wo Hände[4] meine[4] waschen mir[3] erlaubt-ist
Wo kann ich meine Hände waschen?

Faciem iterum rāsitāre possēs!
Gesicht[4] wieder rasieren könntest(-du)
Du könntest dich mal wieder rasieren!

Schimpfen & Fluchen

Latein eignet sich hervorragend zum Fluchen und Spotten. Schon die Römer überzeugten durch begnadete Wortspiele, die im Satzbau durch Logik, rhythmische Wortstellung und Eleganz ausgezeichnet ins Schwarze trafen. Besonders gerne wurde auf körperliche Besonderheiten- bzw. Abnormalitäten angespielt oder Parallelen zur Tierwelt gesucht. Eine schlimme Beleidigung war etwa ein nītedūla (Schimpfwort für Haselmaus), was uns heute nur milde lächeln lässt.

Aufpassen sollten Sie, wenn Sie lateinische Schimpfwörter im romanisch stämmigen Ausland anwenden: Man könnte Sie falsch verstehen. Und was die Bedeutung der jewei-

Quirītes *ist eigentlich eine besonders ehrenvolle Anrede für die römischen Vollbürger. Diese Bezeichnung verwendete ein Redner in einer Volksversammlung als Ausdruck seiner Wertschätzung. Sie wurde allerdings auch abwertend für Soldaten gebraucht; dann bedeutete sie „Spießbürger".*

ligen Beleidigung angeht, könnten Sie sich mehr als nur ein bisschen Ärger einhandeln. So wird z. B. pīca (Elster) auf lateinisch als Schimpfwort gebraucht; in einigen Teilen Brasiliens aber bedeutet es „Schwanz" (Penis).

merda [1], **caenum** [2]	Scheiße
bardus [2], **idiōta** [1] (m)	Idiot
moechus [2]	Hurenbock
scortum [2]	Hure
hom|ō [3, -inis] (m) **stultus** *Mensch/Mann dummer*	Depp, Dummkopf
hom|ō [3, -inis] (m) **stultissimus** *Mensch/Mann dümmster*	Vollidiot
scortum [2] (n) **muliebris patientiae** *Balg weiblicher² Hingabe²*	Schwuchtel
lōrum [2] **in aquā,** *Liederriemen in⁺⁵ Wasser⁵* **taurus** [2] **iners** *Stier kraftloser*	Schlappschwanz
mentula [1]	Schwanz (Penis)
īgnāvus [2] *(schlapp/kraftlos)*	Weichei

Matella *(Nachttopf) wurde übrigens gerne auch als Schimpfwort („Allerweltshure") verwendet.*

Vir ingrātus / mulier ingrāta est.
Mann unangenehm(m)/Frau unangenehme(f) ist
Der Mann / die Frau ist sehr unangenehm.

Der Römer kannte schon den „Stinkefinger", den digitus impudīcus *(„Finger unzüchtiger").*

Rīdicula est.
lächerliche(f) ist
Sie ist lächerlich.

Lactanter virīlis est.
verlockend(Adv) männlich ist
Er ist machohaft.

Discēde!/ Apage!
weggeh / pack-dich
Hau ab! / Verpiss dich!

Literaturhinweise

Folgende Bücher möchten wir Ihnen als Lateininteressierten gerne weiterempfehlen:

Lexika/Lehrbücher/ Grammatiken

Die hier genannten Bücher/Schriften sind nicht über den Reise Know-How Verlag erhältlich!

- **HELFER, Christian,** „Lexicon Auxiliare, Societas Latina", Universität des Saarlandes, FR 6.3, Saarbrücken, 1985. *(Sehr empfehlenswert, da modern übersetzt wird und auch Querverweise auf z. T. weitere Ausdrucksweisen gegeben werden.)*
- **„PONS Wörterbuch für Schule und Studium, Latein – Deutsch",** Ernst Klett Sprachen GmbH, Stuttgart, 2003. *(Für Schüler besonders geeignet, da sehr übersichtlich.)*
- **STOWASSER,** Lateinisch-deutsches Schulwörterbuch, G. Freytag Verlag, München, 1979.
- **„NEUES LATEIN-LEXIKON: LEXICON RECENTIS LATINITATIS",** Hrsg.: Libraria Editoria Vaticana, Mathias Lempertz Buchhandlung und Antiquariat GmbH, Bonn, 1998. *(Vom Heiligen Stuhl abgesegnet, aber für unsere Begriffe oft unnötig kompliziert. Christian HELFER ist oft wesentlich treffender.)*
- **„LANGENSCHEIDT, Großes Schulwörterbuch, lateinisch-deutsch",** Langenscheidt KG, Berlin und München, 1978. *(Sehr hilfreich, da auf jeder Vokabel die Längen- und Kürzenzeichen angegeben sind.)*
- **„Standardwörterbuch KLETT, lateinisch-deutsch/deutsch-lateinisch",** Ernst Klett Verlag für Wissen und Bildung GmbH, Stuttgart, 1992.
- **CAPELLANUS, Georg,** „Sprechen Sie Lateinisch?", 13. Auflage, Ferd. Dümmlers Verlag, Bonn, 1966.
- **EICHENSEER, Caelestis,** „Latein Aktiv", Langenscheidt KG, Berlin und München, 1984.
- **„GRUNDWORTSCHATZ LATEIN nach Sachgruppen",** Ernst KLETT Schulbuchverlag, Leipzig, 1993.
- **KAUTZKY, Wolfgang und KRAMMER, Margit,** „Durchstarten mit Nuntii Latini", Veritas-Verlag Linz, 2. Auflage 2000.

Sprachgeschichte

●**VOSSEN, Carl,** „Latein, Muttersprache Europas", Selbstverlag, (Herstell. u. Vertrieb: Druckerei und Verlag Hub. Hoch), Düsseldorf, 1978.
●**STÖRIG, Hans Joachim** (in Zusammenarbeit mit Langenscheidt), „Abenteuer Sprache. Ein Streifzug durch die Sprachen der Erde", Humboldt-Taschenbuchverlag Jacobi KG, München, 1992.

Zum Alltag der Alten Römer

●**WEEBER, Karl-Wilhelm,** „Alltag im Alten Rom: Das Leben in der Stadt: Ein Lexikon", Patmos Verlag, 2003. *(Auch der Römer hatte ein Alltagsleben, abseits von Kriegen und Eroberungen. Sehr empfehlenswert: informativ, amüsant.)*

Sonstiges/Lateinische Schmankerl

●**APICIUS, Marcus Gravius,** „De re coquinaria", Lat./Dt., hrsg. von Robert Maier, Philipp Reclam jun. GmbH & Co., Stuttgart 1991. *(Einzig erhaltenes römisches Kochbuch auf lateinisch/deutsch.)*
●**WEEBER, Karl-Wilhelm,** „Flirten wie die Alten Römer", Artemis & Winkler, Düsseldorf/Zürich 1997. *(Amüsant und Ovids Flirttipps sind durchaus aktuell.)*
●**FINK, Gerhard,** „Der kleine Schmutzfink: Unflätiges aus dem Latein" (früher: „Schimpf und Schande – Eine vergnügliche Schimpfwortkunde des Lateinischen", Artemis und Winkler, Düsseldorf, 2001. *(In der Tat sehr vergnüglich.)*

Internet

Gibt man in einer Suchmaschine „Latein" ein, wird man mit Seiten quasi zugeschüttet. Wir haben zwei ausgewählt, die uns besonders gut gefallen haben:

Für die Qualität und Richtigkeit der Inhalte nebenstehender Adressen zeichnet der Reise Know-How Verlag nicht verantwortlich.

●**www.ista-latina.de**
(Hier kann man Latein auch mal hören. Die Band ISTA macht lateinischen HipHop und beweist, wie gut (und wie schnell) man Latein sprechen kann. Äußerst hörenswert.)
●**www.lateinforum.de**
(Sehr informativ. Bietet ein breites Spektrum an Latein-Infos und interessante Links.)

Grammatikalischer Anhang

Im grammatikalischen Anhang werden überblicksartig die regelmäßigen Deklinationen der Personalpronomen, Adjektive und Substantive sowie die Konjugationen präsentiert. Die Zahlen in eckigen Klammern geben die Deklinations- bzw. Konjugationsklassen an, auf die sich die Angaben in allen Wörterlisten des vorliegenden Buches beziehen.

Deklination der Personalpronomen

Sg	1. Pers.	2. Pers.	3. Pers. m	3. Pers. f	3. Pers. n
1. Fall	egō (ich)	tū (du)	is (er)	ea (sie)	id (es)
2. Fall	meī	tuī	eius	eius	eius
3. Fall	mihī	tibī	eī	eī	eī
4. Fall	mē	tē	eum	eam	id
5. Fall	(ā) mē	(ā) tē	eō	eā	eō
Pl	**1. Pers.**	**2. Pers.**	**3. Pers. m**	**3. Pers. f**	**3. Pers. n**
1. Fall	nōs (wir)	vōs (ihr)	eī (iī) (sie)	eae (sie)	ea (sie)
2. Fall	nostrī/ nostrum	vestrī/ vestrum	eōrum	eārum	eōrum
3. Fall	nōbis	vōbis	eīs (iīs)	eīs (iīs)	eīs (iīs)
4. Fall	nōs	vōs	eōs	eās	ea
5. Fall	(ā) nōbis	ā vōbis	eīs (iīs)	eīs (iīs)	eīs (iīs)

Deklination der Adjektive

	■a-Dekl.	■o-Deklination		■gemischte Dekl.	
Sg	**f**	**m**	**n**	**m/f**	**n**
1. Fall	bon-a	bon-us	bon-um	fēlīx	fēlīx
2. Fall	bon-ae	bon-ī	bon-i	fēlīc-is	fēlīc-is
3. Fall	bon-ae	bon-ō	bon-ō	fēlīc-ī	fēlīc-ī
4. Fall	bon-am	bon-um	bon-um	fēlīc-em	fēlīx
5. Fall	bon-ā	bon-ō	bon-ō	fēlīc-ī	fēlīc-ī
6. Fall	bon-a	bon-e	bon-um	fēlīx	fēlīx
Pl	**f**	**m**	**n**	**m/n**	**n**
1. Fall	bon-ae	bon-i	bon-a	fēlīc-ēs	fēlīc-ia
2. Fall	bon-ārum	bon-ōrum	bon-ārum	fēlīc-ium	fēlīc-ium
3. Fall	bon-īs	bon-īs	bon-īs	fēlīc-ibus	fēlīc-ibus
4. Fall	bon-as	bon-os	bon-a	fēlīc-ēs	fēlīc-ia
5. Fall	bon-īs	bon-īs	bon-īs	fēlīc-ibus	fēlīc-ibus
6. Fall	bon-ae	bon-i	bon-a	fēlīc-es	fēlīc-ia

Deklination der Substantive

■1./a-Deklination [1]		■2./o-Deklination [2]	
Singular	**f**	**m**	**n**
1. Fall	**amīc-a** (Freundin)	**amīc-us** (Freund)	**for-um** (Markt)
2. Fall	amīc-ae	amīc-ī	for-ī
3. Fall	amīc-ae	amīc-ō	for-ō
4. Fall	amīc-am	amīc-um	for-um
5. Fall	amīc-ā	amīc-ō	for-ō
6. Fall	amīc-a	amīc-e	(forum)
Plural	**f**	**m**	**n**
1. Fall	amīc-ae	amīc-ī	for-a
2. Fall	amīc-ārum	amīc-ōrum	for-ōrum
3. Fall	amīc-īs	amīc-īs	for-īs
4. Fall	amīc-ās	amīc-ōs	for-a
5. Fall	amīc-īs	amīc-īs	for-īs
6. Fall	amīc-ae	amīc-ī	(forum)

■3./gemischte (konsonantische) Deklination [3]			
Singular	**m**	**f**	**n**
1. Fall	**homō** (Mann)	**ōrātiō** (Rede)	**temp-us** (Zeit)
2. Fall	homin-is	ōrātiōn-is	tempor-is
3. Fall	homin-ī	ōrātiōn-ī	tempor- ī
4. Fall	homin-em	ōrātiōn-em	tempus
5. Fall	homin-e	ōrātiōn-e	tempor-e
6. Fall	homō!	(ōrātiō)	(tempus)
Plural	**m**	**f**	**n**
1. Fall	homin-ēs	ōrātiōn-ēs	tempor-a
2. Fall	homin-um	ōratiōn-um	tempor-um
3. Fall	homin-ibus	ōrātiōn-ibus	tempor-ibus
4. Fall	homin-ēs	ōrātiōn-ēs	tempor-a
5. Fall	homin-ibus	ōrātiōn-ibus	tempor-ibus
6. Fall	hominēs!	(ōrātiōnēs)	(tempus)

Die Kürzel [1] - [5] *geben bei den Substantiven die Deklinationsklasse an.*

■4./u-Deklination [4]

Singular	m	f	n
1. Fall	**cās-us** (Fall)	**man-us** (Hand)	**corn-ū** (Horn)
2. Fall	cās-ūs	man-ūs	corn-ūs
3. Fall	cās-uī	man-ui	corn-ū
4. Fall	cās-um	man-um	corn-ū
5. Fall	cās-ū	man-ū	corn-ū
6. Fall	(cās-us)	(man-us)	(cornū)
Plural	**m**	**f**	**n**
1. Fall	cas-ūs	man-ūs	corn-ua
2. Fall	cas-uum	man-uum	corn-uum
3. Fall	casi-bus	man-ibus	corn-ibus
4. Fall	cas-ūs	man-ūs	corn-ua
5. Fall	casi-bus	man-ibus	corn-ibus
6. Fall	(cas-ūs)	(man-ūs)	(corn-ua)

■5./e-Deklination [5]

Singular	f	m
1. Fall	**rēs** (Sache)	**di-ēs** (Tag)
2. Fall	rēī	di-ēī
3. Fall	rēī	di-ēī
4. Fall	rem	di-em
5. Fall	rē	di-ē
6. Fall	(rēs)	(di-ēs)
Plural	**f**	**m**
1. Fall	rēs	di-ēs
2. Fall	rērum	di-ērum
3. Fall	rēbus	di-ēbus
4. Fall	rēs	di-ēs
5. Fall	rēbus	di-ēbus
6. Fall	(rēs)	(di-ēs)

Achtung:
In der 2. Deklination gibt es eine Ausnahme: Namen/Substantive auf -ius *bilden den Vokativ nicht auf* -e, *sondern auf* -ī, *z. B.* Lucius *(Eigenname) wird zu* Lucī! *(Lucius!),* filius *(Sohn) wird zu* filī! *(Sohn!).*

Verben & Zeiten im Indikativ Aktiv

Präsens

	ā-Konj. [1]	ē-Konj. [2]	Mischk. [3]	ī-Konj. [4]	i-Konj. [5]
	amāre	docēre	petere	audīre	facere
	(lieben)	*(lehren)*	*(bitten)*	*(hören)*	*(machen)*
ich	am-ō	doce-ō	pet-ō	audi-ō	faci-ō
du	amā-s	docē-s	pet-i-s	audī-s	faci-s
er/sie/es	ama-t	doce-t	pet-i-t	audi-t	faci-t
wir	amā-mus	docē-mus	pet-i-mus	audī-mus	faci-mus
ihr	amā-tis	docē-tis	pet-i-tis	audī-tis	faci-tis
sie (pl)	ama-nt	doce-nt	pet-u-nt	audi-u-nt	faci-u-nt

Imperfekt

	ā-Konj. [1]	ē-Konj. [2]	Mischk. [3]	ī-Konj. [4]	i-Konj. [5]
	amāre	docēre	petere	audīre	facere
	(lieben)	*(lehren)*	*(bitten)*	*(hören)*	*(machen)*
ich	amā-ba-m	docē-ba-m	pet-ē-ba-m	audi-ē-ba-m	faci-ē-ba-m
du	amā-bā-s	docē-bā-s	pet-ē-bā-s	audi-ē-bā-s	faci-ē-ba-s
er/sie/es	amā-ba-t	docē-ba-t	pet-ē-ba-t	audi-ē-ba-t	faci-ē-ba-t
wir	amā-bā-mus	docē-bā-mus	pet-ē-bā-mus	audi-ē-bā-mus	faci-ē-bā-mus
ihr	amā-bā-tis	docē-bā-tis	pet-ē-bā-tis	audi-ē-bā-tis	faci-ē-bā-tis
sie (pl)	amā-ba-nt	docē-ba-nt	pet-ē-ba-nt	audi-ē-ba-nt	faci-ē-ba-nt

Futur I

	ā-Konj. [1]	ē-Konj. [2]	Mischk. [3]	ī-Konj. [4]	i-Konj. [5]
	amāre	docēre	petere	audīre	facere
	(lieben)	*(lehren)*	*(bitten)*	*(hören)*	*(machen)*
ich	amā-b-ō	docē-b-ō	pet-a-m	audi-a-m	faci-a-m
du	amā-bi-s	docē-bi-s	pet-ē-s	audi-ē-s	faci-ē-s
er/sie/es	amā-bi-t	docē-bi-t	pet-e-t	audi-e-t	faci-e-t
wir	amā-bi-mus	docē-bi-mus	pet-ē-mus	audi-ē-mus	faci-ē-mus
ihr	amā-bi-tis	docē-bi-tis	pet-ē-tis	audi-ē-tis	faci-ē-tis
sie (pl)	amā-bu-nt	docē-bu-nt	pet-e-nt	audi-e-nt	faci-e-nt

Die Kürzel [1] - [5] geben bei den Verben die Konjugationsklasse an.

Pefekt

	ā-Konj. [1]	ē-Konj. [2]	Mischk. [3]	ī-Konj. [4]	i-Konj. [5]
	amāre	**docēre**	**petere**	**audīre**	**facere**
	(lieben)	*(lehren)*	*(bitten)*	*(hören)*	*(machen)*
ich	**amāv-ī**	**docu-ī**	**petīv-ī**	**audīv-ī**	**fēc-ī**
du	**amāv-istī**	**docu-istī**	**petīv-istī**	**audīv-istī**	**fēc-istī**
er/sie/es	**amāv-it**	**docu-it**	**petīv-it**	**audiv-it**	**fēc-it**
wir	**amāv-imus**	**docu-imus**	**petīv-imus**	**audīv-imus**	**fēc-imus**
ihr	**amāv-istis**	**docu-istis**	**petīv-istis**	**audīv-istis**	**fēc-istis**
sie (pl)	**amāv-ērunt**	**docu-ērunt**	**petīv-ērunt**	**audīv-ērunt**	**fēc-ērunt**

Plusquamperfekt

	ā-Konj. [1]	ē-Konj. [2]	Mischk. [3]	ī-Konj. [4]	i-Konj. [5]
	amāre	**docēre**	**petere**	**audīre**	**facere**
	(lieben)	*(lehren)*	*(bitten)*	*(hören)*	*(machen)*
ich	**amāv-eram**	**docu-eram**	**petīv-eram**	**audīv-eram**	**fēc-eram**
du	**amāv-erās**	**docu-erās**	**petīv-erās**	**audīv-erās**	**fēc-erās**
er/sie/es	**amāv-erat**	**docu-erat**	**petīv-erat**	**audiv-erat**	**fēc-erat**
wir	**amāv-erāmus**	**docu-erāmus**	**petīv-erāmus**	**audīv-erāmus**	**fēc-erāmus**
ihr	**amāv-erātis**	**docu-erātis**	**petīv-erātis**	**audīv-erātis**	**fēc-erātis**
sie (pl)	**amāv-erant**	**docu-erant**	**petīv-erant**	**audīv-erant**	**fēc-erant**

Futur II (oder Perfektfutur)

	ā-Konj. [1]	ē-Konj. [2]	Mischk. [3]	ī-Konj. [4]	i-Konj. [5]
	amāre	**docēre**	**petere**	**audīre**	**facere**
	(lieben)	*(lehren)*	*(bitten)*	*(hören)*	*(machen)*
ich	**amāv-erō**	**docu-erō**	**petīv-erō**	**audīv-erō**	**fec-ero**
du	**amāv-eris**	**docu-eris**	**petīv-eris**	**audīv-eris**	**fec-eris**
er/sie/es	**amāv-erit**	**docu-erit**	**petīv-erit**	**audiv-erit**	**fec-erit**
wir	**amāv-erimus**	**docu-erimus**	**petīv-erimus**	**audīv-erimus**	**fec-erimus**
ihr	**amāv-eritis**	**docu-eritis**	**petīv-eritis**	**audīv-eritis**	**fec-eritis**
sie (pl)	**amāv-erint**	**docu-erint**	**petīv-erint**	**audīv-erint**	**fec-erint**

Konjugationsübersicht „amare" (lieben)

Anhand des regelmäßigen Verbs amāre („lieben") der 1. Konjugation, wird hier das Zeitengerüst des Lateinischen vorgeführt. Jeweils immer nur die 1. Person Singular („ich") wird übersetzt.

Vom **Präsensstamm** werden die aktiven und passiven Verbformen für Präsens, Imperfekt und Futur I, für die Imperative, amā! („liebe!") und amā-te („liebt!"), sowie für Gerundium, z. B. amāndum (4. Fall,

Präsensstamm: amā-				
	Aktiv		**Passiv**	
Präsens	**Indikativ Aktiv** *ich liebe*	**Konjunktiv Aktiv** *ich möge lieben*	**Indikativ Passiv** *ich werde geliebt*	**Konjunktiv Passiv** *ich möge geliebt werden*
1. Sg.	**am -ō**	**am-e-m**	**am -or**	**am-e-r**
2. Sg.	**amā-s**	**am-ē-s**	**amā-ris**	**am-ē-ris**
3. Sg.	**amā-t**	**am-e-t**	**amā-tur**	**am-ē-tur**
1. Pl.	**amā-mus**	**am-ē-mus**	**amā-mur**	**am-ē-mur**
2. Pl.	**amā-tis**	**am-ē-tis**	**amā-minī**	**am-ē-minī**
3. Pl.	**ama-nt**	**am-e-nt**	**ama-ntur**	**am-e-ntur**
Imperfekt	**Indikativ Aktiv** *ich liebte*	**Konjunktiv Aktiv** *ich würde lieben*	**Indikativ Passiv** *ich wurde geliebt*	**Konjunktiv Passiv** *ich würde geliebt werden*
1. Sg.	**amā-ba-m**	**amā-re-m**	**amā-ba-r**	**amā-re-r**
2. Sg.	**amā-bā-s**	**amā-rē-s**	**amā-bā-ris**	**amā-rē-ris**
3. Sg.	**amā-ba-t**	**amā-re-t**	**amā-bā-tur**	**amā-rē-tur**
1. Pl.	**amā-bā-mus**	**amā-rē-mus**	**amā-bā-mur**	**amā-rē-mur**
2. Pl.	**amā-bā-tis**	**amā-rē-tis**	**amā-bā-minī**	**amā-rē-minī**
3. Pl.	**amā-ba-nt**	**amā-re-nt**	**amā-ba-ntur**	**amā-re-ntur**
Futur I	**Indikativ Aktiv** *ich werde lieben*		**Indikativ Passiv** *ich werde geliebt werden*	
1. Sg.	**amā-b-ō**		**amā-b-or**	
2. Sg.	**amā-bi-s**		**amā-bē-ris**	
3. Sg.	**amā-bi-t**		**amā-bī-tur**	
1. Pl.	**amā-bi-mus**		**amā-bī-mur**	
2. Pl.	**amā-bi-tis**		**amā-bī-minī**	
3. Pl.	**amā-bu-nt**		**amā-bu-ntur**	

„das Lieben"), und Gerundivum, amāndus/-a/-um („der/die/das zu liebende"), abgeleitet. Beim Perfekt, Plusquamperfekt und Futur II werden die aktiven Formen vom **Perfektaktivstamm**, die passiven Formen hingegen vom **Perfektpassivstamm** abgeleitet! Bei den mit * gekennzeichneten Formen handelt es sich um das Partizip Perfekt Passiv, das wie ein Adjektiv (a-Deklination) gebeugt wird. – Übrigens: Nur die 1. Person Futur II Ind. Aktiv unterscheidet sich vom Perfekt Konj. Aktiv!

Perfektaktivstamm: amāv-			Perfektpassivstamm: amat-	
Aktiv			Passiv	
Perfekt	**Indikativ Aktiv** *ich habe geliebt*	**Konjunktiv Aktiv** *möge geliebt haben*	**Indikativ Passiv** *ich bin geliebt worden*	**Konjunktiv Passiv** *ich sei geliebt worden*
1. Sg.	amāv-ī	amāv-erim	amātus* sum	amātus* sim
2. Sg.	amāv-istī	amāv-eris	amātus* es	amâtus* sīs
3. Sg.	amāv-it	amāv-erit	amātus* est	amātus* sit
1. Pl.	amāv-imus	amāv-erimus	amāti* sumus	amāti* sīmus
2. Pl.	amāv-istis	amāv-eritis	amāti* estis	amāti* sītis
3. Pl.	amāv-ērunt	amāv-erint	amāti* sunt	amāti* sint
Plusqu.	**Indikativ Aktiv** *ich hatte geliebt*	**Konjunktiv Aktiv** *ich hätte geliebt*	**Indikativ Passiv** *ich war geliebt worden*	**Konjunktiv Passiv** *ich wäre geliebt worden*
1. Sg.	amāv-eram	amāv-issem	amātus* eram	amātus* essem
2. Sg.	amāv-erās	amāv-issēs	amātus* erās	amātus* essēs
3. Sg.	amāv-erat	amāv-isset	amātus* erat	amātus* esset
1. Pl.	amāv-erāmus	amāv-issēmus	amāti* erāmus	amāti* essēmus
2. Pl.	amāv-erātis	amāv-issētis	amāti* erātis	amāti* essētis
3. Pl.	amāv-erant	amāv-issent	amāti* erant	amāti* essent
Futur II	**Indikativ Aktiv** *ich werde geliebt haben*		**Indikativ Passiv** *ich werde geliebt worden sein*	
1. Sg.	amāv-erō		amātus* erō	
2. Sg.	amāv-eris		amātus* eris	
3. Sg.	amāv-erit		amātus* erit	
1. Pl.	amāv-erimus		amāti* erimus	
2. Pl.	amāv-eritis		amāti* eritis	
3. Pl.	amāv-erint		amāti* erunt	

Wörterliste Deutsch – Modernes Latein

Der Index Vocabulorum *(Vokabelverzeichnis) enthält einen modernen Lateinwortschatz von knapp 1500 Wörtern. Er bietet neben einem soliden Grundwortschatz auch viele Vokabeln für den Fortgeschrittenen. Vokabular, das jedoch besser in den einzelnen Kapiteln sortiert ist und dort gefunden werden kann, ist hier nicht immer aufgenommen. Die hier angegebenen Deklinations- und Konjugationsklassen beziehen sich auf den grammatikalischen Anhang des vorliegenden Buches! Die in dieser Wörterliste verwendete Systematik wird auch im Konversationsteil des Buches verwendet.*

Verben

- *Die* **Zahl in eckigen Klammern** *gibt die Konjugationsklasse an, z. B. wird* **āvolāre [1]** *„wegfliegen" nach der 1. Konjugationsklasse (regelmäßig) gebeugt.*
- *Bei* **unregelmäßigen Verbstämmen und/oder -endungen** *werden nach dem senkrechten Strich die Endungen angehängt, die in eckigen Klammern stehen, z. B.* **aper|īre [4, -iō, -uī, -tum]**. *Die Reihenfolge ist immer: a) 1. Person Singular Präsens Indikativ Aktiv (hier* **aperiō** *„ich öffne", b) 1. Person Singular Perfekt Indikativ Aktiv (hier:* **aperuī** *„ich habe geöffnet"), c) das Neutrum des Partizip Perfekt Passivs (hier:* **apertum** *„geöffnet"). Steht kein senkrechter Strich, wird die Endung an das ganze Wort angehängt. Wie in den in der Schule meistens benutzten Wörterbüchern von Klett und Langenscheidt angegeben, sowie in mehreren Schulbüchern (z. B. „Ostia" von Klett) werden hier alle Partizipendungen der Verben einheitlich (soweit es zutrifft) mit der Endung auf* **-um** *bezeichnet.*
- *Bei* **sehr unregelmäßigen Formen** *wird das gesamte Wort angegeben, z. B.* **esse [sum, fuī]**. *Manchmal sind nicht alle Formen vom Verb zu bilden. Kann ein Partizip nicht gebildet werden, stehen in den eckigen Klammern nur zwei Formen. Für völlig unregelmäßige Verben, die keiner Konjugationsklasse angehören, ist auch keine Klasse angegeben.*
- **Deponentien** *werden als solche mit ihrer Verbklasse gekennzeichnet. Deponentien sind Verben mit passiven Formen. Sie haben aktive bzw. reflexive Bedeutung; deshalb benötigen sie oft kein zusätzliches Reflexivpronomen, z. B.* **verērī** *„sich fürchten".*

●**Semideponentien** *besitzen im Präsensstamm aktive Formen, weisen aber passive Formen im Perfektstamm auf.*

Substantive

●*Die* **Zahl in eckigen Klammern** *gibt die Deklinationsklasse an, z. B. wird* **mālum [2]** *nach der 2. Deklination (der o-Deklination) (regelmäßig) gebeugt, und ist natürlich „neutrum", abgekürzt „(n)".*

●*Bei* **unregelmäßigen Substantivstämmen und/oder -endungen** *werden nach dem senkrechten Strich die Endungen angehängt, die in eckigen Klammern steht, z. B.* **vesp|er [3, -erī] (m)**. *Bei Substantiven ist dies immer die Endung im 2. Fall (Genitiv) Singular;* **vesperī** *ist also das im 2. Fall Singular gebeugte Wort. Wenn das Wort jedoch im Plural steht, wird in eckigen Klammern der 2. Fall (Genitiv) Plural angegeben, z. B.* **dēlici|ae [-ārum] (f pl)**. *Steht kein senkrechter Strich, wird die Endung an das ganze Wort angehängt.*

●*Das* **Genus des Substantivs** *fehlt bei der 1. und 2. Deklination (a- und o-Deklination), da dies aus der Endung eindeutig hervorgeht und steht in runden Klammern bei allen anderen Deklinationen, z. B.* **(f)**, **(m)**, **(n)**.

Adjektive

●*Die* **Adjektive** *werden nicht mit einer Deklinationsklasse gekennzeichnet, da man an der Endung erkennen kann, wie sie dekliniert werden müssen.* **Unregelmäßige Genitive bei Adjektiven der konsonantischen Deklination** *werden in eckigen Klammern angegeben:* **omn|is [-is]**. *Auch hier gibt der senkrechte Strich die Stelle an, an der die in eckigen Klammern angegebenen Endung angehängt werden muss.*

●**Adjektive**, *die* **in Zusammensetzungen mit einem Substantiv** *stehen, werden bei einer Beugung (z. B. als Satzteil in einem Satz) wie das zugehörige Substantiv nach der KNG-Regel (Kasus/Numerus/Genus) gebeugt.*

Präpositionen

●*werden mit dem erforderlichen Kasus angegeben, und zwar in runden Klammern, z. B.* **(+4)**. *Hier ist also der 4. Fall (Akkusativ) gefordert.*

Abkürzungen	
Adj	*Adjektiv*
Adv	*Adverb*
Dep	*Deponens*
f	*femininum*
intrans	*intransitiv*
jdm	*jemandem*
jdn	*jemanden*
Kj	*Konjunktion*
Konj	*Konjunktiv*
Kons.	*Konsonant*
m	*maskulinum*
n	*neutrum*
pl	*Plural*
Präp	*Präposition*
Pron	*Pronomen*
reflex	*reflexiv*
Semidep	*Semideponens*
sg	*Singular*
trans	*transitiv*
unpers	*unpersönlicher Ausdruck*
Verb def	*verbum defectivum*
Vok.	*Vokal*

A

Abend vesp|er [2, -erī] (m)
Abendessen vesperna cēna [1]
aber, sondern sed (Kj)
abfahren ā|vehere [3, -vehō, -vēxī, -vectum]
Abfall pūrgāmentum [2]
Abfindung satisdismissi|ō [3, -ōnis] (f)
abfliegen āvolāre [1]
Abitur(zeugnis) testimōnium [2] mātūritātis
Abonnement subnotāti|ō [3, -ōnis] (f)
abreisen proficīscī [3, -ficīscor, profectus sum] (Dep)
abschleppen remulcāre [1]
Abschleppseil remulcum [2]
Abschleppwagen carrus [2] remulcandī
Abstammung gen|us [3, -eris] (n)
Abzug (vom Foto) antitypum [2]
Abzweigung (Kreuzung) dēverticulum [2]
Acht: in ~ nehmen ca|vēre [2, -veō, cāvī, cautum]
Acker (Feld) ag|er [2, -rī] (m)
Adresse īnscrīpti|ō [3, -ōnis] (f) cursuāl|is [-is]
Advent adventus [4, -ūs] (m) sacer Dominī
aggressiv īnfēnsus
Aggressivität prōvocandi studium [2]
AIDS syndrom|ē [3, -ātis] (f) comparātī dēfectūs immūnitātis
Aktie sor|s [3, -tis] (f) societātis anōnymae
Alkohol alcohōl [3, -is] (n)
Alkoholiker alcohōlismō affectus [2]
allein (Adj) sōlus
alleinstehend sōlitārius
Allergie allergia [1]
allergisch allergicus
alles omn|is [-is] (Adj)
allmählich paulātim (Adv)
als (Vergleich) quam (Kj)
als (zeitl.) cum (Kj + Konj)
also (daher, folglich) igitur (Kj)
alt (nicht jung) vet|us [-eris]
alt (nicht neu) dētrītus, vetustus
Alte (alte Frau) an|us [4, -ūs] (f)
Alter (alter Mann) sen|ex [3, -is] (m)
Alter (Lebens-) aetā|s [3, -tis] (f)
Altersversorgung alimōnium [2] senum
Altertum antīquitā|s [3, -tis] (f)
altmodisch obsolētus
Altstadt urbis regi|ō [3, -ōnis] (f) vet|us [-eris]
am Vormittag ante merīdiem
Ambulanz (Krankenwagen) vehiculum [2] īnfirmīs excipiendīs
an (zu, bei) ad (Präp +4)
Andenken r|ēs [5, -eī] (f) memoriāl|is [-is]
anfangen in|cipere [3, -cipiō, -cēpī, -ceptum]
Angeber iactāt|or [3, -ōris] (m), hom|ō [3, -inis] īnflātus
Angst met|us [4, -ūs] (m), tim|or [3, -ōris] (m)
anhalten sistere [3, sistō, stetī, statum]
Anhalter (Tramper) petīt|or [3, -ōris] (m) convectiōnis
ankommen ad|venīre [4, -veniō, -vēnī, -ventum]
Ankunft advent|us [4, -ūs] (m)
Ankunftszeit hōra [1] adventūs
Anrufbeantworter māchina [1] tēlephōnica automatāria

Ansichtskarte chartula [1] variāta [1]
ansprechen (nennen) appellāre [1]
Antialkoholiker antialcohōlista [1] (m+f)
Antibabypille pilula [1] anticonceptīva
Antibiotikum antibiōticum [2]
Antragsteller petīt|or [3, -ōris] (m)
Antwort respōnsum [2]
antworten respon|dēre [2, -deō, -dī, respōnsum]
Aperitif propoma [3, -atis] (n)
Apotheke taberna [1] medicāmentāria
Aquaplaning via [1] aquīs lūbrica
arbeiten labōrāre [1]
Arbeitsamt sēd|ēs [3, -is] (f) opificibus assūmendis
arbeitslos sine opere
Arbeitslosengeld auxilium [2] opificum opere carentium
arm pauper [-is]
Armbanduhr hōrologium [2] brachiāle
Art (Aussehen) speci|ēs [5, -ēī] (f)
Arznei (Medikament) medicām|en [3, -inis] (n)
Atombombe bomba [1] atomica [1]
Atomkraftwerk officīna [1] atomica [1]
Atomkrieg bellum [2] atomicum
auch etiam (Adv)
auf (örtl.) in (Präp +5)
auf welche Weise? (wie?) quōmodo?
aufbewahren reservāre [1]
aufdecken (enthüllen) dē|tegere [3, -tegō, -tēxī, -tēctum]
aufdecken (öffnen) aper|īre [4, -iō, -uī, -tum]
Aufenthalt mānsi|ō [3, -ōnis] (f)
aufgeklärt cultus
aufhören dē|sistere [3, -sistō, -stitī, -stitum]
aufstehen (aus dem Bett) sur|gere [3, -gō, -rēxi, -rēctum] (ē lectō)
Auftraggeber ergōlābus [2]
aufwachen exper|gīscī [3, -gīscor, -rēctus sum] (Dep)
Auge oculus [2]
aus ē (nur vor Kons), ex (vor Kons + Vok) (Präp +5)
ausflippen mentis compotens nōn esse [sum, fuī]
Ausfuhr exportāti|ō [3, -ōnis] (f)
Ausgang (Ende) fīn|is [3, -is] (m)
Ausgang (Stelle) exit|us [4, -ūs] (m)
ausgezeichnet ēgregius, eximius
Auskunft īnfōrmātiōnes [3, -ium] (f pl)
Ausland terrae [1] (f pl) exterae
Ausländer peregrīnus [2]
Ausländer (pl) externae|ī [1, -ārum] (m+f pl)
Ausländerin peregrīna [1]
ausländisch peregrīnus, aliēnus
Ausreise ēgress|us [4, -ūs] (m)
Aussehen (Art) speci|ēs [5, -ēī] (f)
Außenministerium sēd|ēs [3, -is] (f) ministrī rērum externārum
außerdem etiam (Kj)
Äußeres (Gestalt, Gesicht) faci|ēs [5, -ēī] (f)
Aussprache (der Buchstaben) appellāti|ō [3, -ōnis] (f) litterārum
Aussprache (Gespräch) colloquium [2]
ausstatten (versehen mit) af|ficere [5 -ficiō, -fēcī, -fectum] [+5]

aussteigen (aus dem Wagen) dē|scendere [3, -scendō, -scendī, -scēnsum] (dē currū)
aussteigen (aus dem Geschäft) sē recipere [3, -cipiō, -cēpī, -ceptum] (in ōtium)
Ausstellung expositi|ō [3, -ōnis] (f)
Ausweis testimōnium [2] fideī, lēgitimāti|ō [3, -ōnis] (f)
ausziehen, sich (Kleider) sē ex|uere [3, -uō, -uī, -ūtum] (vestibus)
Auto autoraeda [1]
Autobahn strāta [1] autocīnētica
Autogramm autographa nōminis scrīpti|ō [3, -ōnis] (f)
Automarke gen|us [3, -eris] (n) fabricātiōnis
automatisieren automatariā ratiōne īn|struere [3, -struō, -strūxī, -strūctum]
Autoradio capsella [1] radiophōnica autocīnētica
Autoschlüssel clāv|is [3, -is] (f) autocīnētica
Autowerkstatt officīna [1] vehiculīs sarciendīs

B

Baby īnf|āns [3, -antis] (m+f), pūpa [1] (f)
Babysitterin īnfāntaria [1]
backen coquere [3, coquō, coxī, coctum]
Badeanzug vest|is [3, -is] (f) balneār|is [-is]
Badehose sublig|ar [3, -āris] (n) balneāre
baden (schwimmen) natāre [1]
Badezimmer balneum [2]
Bahnhof stati|ō [3, -ōnis] (f) ferriviāria
Bahnsteig crepīd|ō [3, -inis] (f)
bald mox (Adv)
Bank (Geld) argentāria [1]
Bank (Sitz-) subsellium [2]
Bank (Spiel-) arca [1] āleātōria
Bankkonto computus [2] mēnsārius
bar numerātus
Bar thermopōlium [2]
Bargeld pecūnia [1] praesēns [-tis]
Batterie accumulātōrium [2]
Bauch vent|er [3, -ris] (m)
Bauch, Unterleib alvus [2] (f)
bauen aedificāre [1]
Baum arb|or [3, -ōris] (f)
beeilen, sich festināre [1]
beenden fī|nīre [4, -niō, -nivī, -nītum], cōn|ficere [1, -ficiō, -fēcī -fectum]
begleiten comitāre [1]
begrüßen salūtāre [1]
behandeln (Krankheit) cūrāre [1]
Behörde magistrāt|us [4, -ūs]
bei (in der Nähe) apud (Präp +4)
bei (zu, an) ad (Präp +4)
Bein (a. Unterschenkel) crū|s [3, -ris] (n)
beinhalten con|tinēre [2, -tineō, -tinuī, -tentum]
Beispiel exemplum [2]
bejahrt (alt) vet|us [-eris]
bekannt nōtus
bekanntmachen, jdn. (mit jdm.) aliquem dēdūcere [3, -dūcō, -dūxī, -ductum] (ad (+4))
bekanntmachen, sich (mit jdm.) sē oste|ndere [3, -ndō, -ndī, -ntum] (+3)
beleidigen of|fendere [3, -fendō, -fendī, -fēnsum]
benachrichtigen nūntiāre [1]
Benzin benzīnum [2]
Berg mōns [3, montis] (m)
berichten re|ferre [-ferō, -ttulī, -lātum]

Beruf professi|ō [3, -ōnis] (f)
berufsmäßig ex professō
berühmt celeb|er (m) / -ris (f) / -re (n) [-ris]
Bescheid geben resp|ondēre [2, -ondeō, -ondī, -ōnsum]
beschweren, sich (über) que|rī [3, -ror, -stus sum] (+4)
besetzen occupāre [1]
besichtigen in|spicere [5, -spiciō, -spexī, -spectum]
Besitzer possess|or [3, -ōris] (m)
besprechen, sich collo|quī [3, -quor, -cūtus sum]
besser melior (m+f), melius (n) [melioris]
besser melius (Adv)
bestellen mandāre [1]
Bestellung mandātum [2]
bestrafen multāre [1], pūn|īre [4, -iō, -ivī, -ītum]
Besuch hosp|es [2, -itis] (m+f)
besuchen visitāre [1]
Besucher frequentāt|or [3, -ōris] (m)
betrachten spectāre [1]
betrügen fraudāre [1]
betrunken ebrius
Bett lectus [2]
Bettbezug cooperīmentum [2]
bevor priusquam (Kj)
bewachen (überwachen) custōd|īre [4, -iō, -ivī, -ītum]
Beweis indicium [2]
bezahlen sol|vere [3, -vō, -vī, -ūtum]
biegen fle|ctere [3, -ctō, -xī, -xum]
Bikini vesticula [1] balneāris Bikiniāna
Bild imāg|ō [3, -inis] (f)
Bildreportage chronic|a [2, -ōrum] (n pl) phōtographica
Billard lūdus [2] tudiculār|is [-is]
Billardtisch virid|is [-is] mēnsa [1] perforāta
billig vīl|is [-is]
Binde fasciola [1]
bis ūsque (Präp +4)
bisschen paululum (Adv)
bissig mord|āx [-ācis]
Bitte rogāti|ō [3, -ōnis] (f)
bitten rogāre [1]
Blatt (Papier, Buchseite) pāgina [1]
Blatt (Pflanzen) folium [2]
bleiben manēre [2, maneō, mānsi, mānsum]
Bleistift stilus [2] plumbeus
Blitzlicht fulg|or [3, -ōris] (m) phōtographicus
blockieren imped|īre [2, -iō]
Blume flō|s [3, -ris] (m)
Blut sangui|s [3, -nis] (m)
bombardieren pyrōbōlis qua|tere [3, -tiō, , -ssum]
Boot nāvicula [1]
böse (schlecht) malus
Botschaft (eines Landes) sēd|ēs [3, -is] (f) lēgātī
boxen pūgnō percu|tere [3, -ssio, -ssī, -ssum]
Boykott interclūsi|ō [3, -ōnis] (f) operae
Brand incendium [2]
Brauch (Sitte) cōnsuētūd|ō [3, -inis] (f)
brauchen (Mangel haben) indig|ēre [2, -eō, -uī]
Breakdance saltāti|ō [3, -ōnis] (f) viāria Americāna
breit lātus
brennen (intrans) ār|dēre [2 -deō, -sī, -sūrum]
Brief epistula [1], litterae [1] (f pl)
Briefmarke pittacium [2] cursuāle
Briefumschlag litterārum involūcrum [2]
Brille vitra [2] (n pl) oculāria
bringen (her-) apportāre [1]
Brot pān|is [3, -is] (m)
Brücke pōns [3, pontis] (m)

Brust (weibl.) mamma [1]
Brustbeutel crumīna [1]
Brustkorb thōrā|x [3, -cis] (m), pect|us [3, -ōris] (n)
Buch lib|er [2, -ri] (m)
buchen in cōdicem re|ferre [-ferō, -ttulī, -lātum]
Buchführung ratiōn|ēs [2, -um] (f pl)
Buchstabe littera [1]
Budget dispēnsati|ō [3, -ōnis] (f) oeconomica
Bundesrepublik Deutschland Germānia [1] Confederāta
Bundesrepublik Rēs [5, reī] (f) Pūblica Foederāl|is [-is]
Bundeswehr Mīlitia [1] Foederāl|is [-is] Germānica
bunt varius
Burg castellum [2]
Bürger cīv|is [3, -is] (m+f)
bürgerlich cīvīl|is [-is]
Büro officium [2] scrīptōrium
bürokratisch grapheocraticus
Bus autoraeda [1] longa
Bushaltestelle stati|ō [3, -ōnis] (f) autoraedārum longārum
Bußgeld poena [1]
Butter būtȳrum [2]

C

Cabriolet autocīnetum [2] cum apertili tegmine
campen in tentōriō commorārī [1] (Dep)
Campingplatz campus [2] tentōrius
Cartoon fābula [1] adumbrāta
CD discus [2] compāctus
Chauvi virīlitātis prōpūgnāt|or [3, -ōris] (m)
Check-up totius corporis īnspecti|ō [3, -ōnis] (f)
Chef praefectus [2]
Chromosom chrōmosōm|a [3, -atis] (n)
clever callidus
Clique sodālicium [2]
Clown ioculāt|or [3, -ōris] (m)
Cockpit āeroplanīgae cella [1]
Cocktail propom|a [3, -atis] (n)
Comic libellus [2] scaenographicus
Computer computātrum [2]
Computermouse mū|s [3, -ris] (m) computātōrium
Computertomographie tomographia [1] computātōria
Copyright prīvilegium [2] impressōrium
Count-down dīnumerāti|ō [3, -ōnis] (f) inversa

D

da (dort) ibi (Adv)
da!, sieh da! ecce! (Adv)
dabei sein inter|esse [-sum, -fuī]
Dach tēctum [2]
daher (also, folglich) igitur (Kj)
Dame (auch als Anrede) domina [1]
damit ut (Kj + Konj)
danach deinde (Adv)
danken (jdm.) (für) grātiās agere [3, agō, ēgī, āctum] (alicui) (prō +5)
dann tum (Kj)
darum itaque (Kj)
das (welches) quod (n) (Rel)
dass ut (Kj + Konj)
Datenspeicher datōrum conditōrium [2]
Datum datum [2]
dauern durāre [1]
Decke (Bett) opertōrium [2]
denken cōgitāre [1]
Denkmal monumentum [2]
Deodorant remedium [2] dēodōrān|s [-tis]

der (welcher) quī (m) (Rel)
deshalb itaque (Kj), propterea (Adv)
Dessert mēnsa [1] secunda
deutsch (Adj) Germānicus, Theodiscus
Deutsche (f) Germānica [1], Theodisca [1]
deutsche Botschaft sēd|ēs [3, -is] (f)lēgātī Germāniae
Deutscher (m) Theodiscus [2], Germānicus [2]
Deutschland Germānia [1]
Dialekt dialectus [2]
Diät diaeta [1]
Dichter poēta [1] (m)
dick (fett) pingu|is [-is]
die (welche) quae (f) (Rel)
Dieb fūr [3, -is] (m)
Diebstahl fūrtum [2]
Dienstreise ablēgāti|ō [3, -ōnis] (f)
diese (Sg) haec (f)
diese Woche haec septimāna
dieser hic (m)
dieses hoc (n)
Ding (Sache) rēs [5, reī] (f)
Direktübertragung trānsmissi|ō [3, -ōnis] (f) dīrēcta
Disko discothēca [1]
Dokument(e) documentum [2]
Dolmetscher interpre|s [3, -tis] (m+f)
doof stultus , stupidus
dopen drōgīs excitāre [1]
Doppelbett lectus [2] dupl|ex [-icis]
Doppelverdiener hom|ō [3, -inis] (m) bīnī salāriī
Doppelzimmer conclāv|e [3, -is] (n) duōrum lectōrum
Dorf vīcus [2]
dort ibi (Adv)
dorthin eō (Adv)
drehen (rollen, winden) vol|vere [3, -vō, -vī, -ūtum]
dringend urgen|s [3, -tis]
dumm stultus, stupidus
dunkel obscūrus
dünn tenu|is [-is]
durch (hindurch) per (Präp +4)
Durchfall prōfluvium [2]
dürfen (s. erlaubt)
Durst (haben) sit|īre [4, -iō]

E

echt vērus
eggen occāre [1]
ehelos (nur f. Männer) cael|ebs [2, -ibis]
Eigentum proprium [2]
eilen (streben, verlangen) pet|ere [3, -ō, -īvī, -ītum]
ein (einer, eins) ūnus [ūnīus]
einander inter sē (Präp + Pron)
Einbruch irrupti|ō [3, -ōnis] (f)
einfach simpl|ex [-icis]
Einfuhr invecti|ō [3, -ōnis] (f)
Eingang introit|us [3, -ūs] (m)
einige nōnnūlli [1]
einladen invītāre [1]
Einladung invītāti|ō [3, -ōnis] (f)
einmal semel (Adv)
einsam (allein) sōlitārius
Einschreiben epistula [1] cōnsīgnāta
einsteigen īns|cendere [3, -scendō, -scendī, -scēnsum]
eintreten (hineingehen) intrāre [1]
einverstanden sein as|sentīrī [4, -sentior, -sēnsus sum] (Dep)
Einwohner incola [1]
Eis (gefrorenes Wasser) glaci|ēs [5, -ēī] (f)
Eisenbahn via [1] ferrāta, ferrivia [1]
elend (unglücklich) miser

E-Mail epistula [1] electrōnica
empfangen ac|cipere [5, -cipiō, -cēpī, -ceptum]
empfehlen commendāre [1]
Ende fīn|is [3, -is] (m)
eng angustus
englisch Anglicus, Britann(ic)us
entfernt sein distāre [1]
entführen ab|dūcere [3 -dūcō, -dūxī, -ductum]
entlasten (abladen) exonerāre [1]
entscheiden (sich) dē|cernere [3, -cernō, -crēvī, -crētum]
entschuldigen (sich) (sē) excūsāre [1]
erbrechen (sich) vom|ere [3, -ō, -uī, -itum]
Erde terra [1]
Ereignis ēvent|us [4, -ūs] (m)
Erfolg success|us [4, -ūs] (m)
erfrischen recreāre [1]
erhalten conservāre [1]
erheitern (erfreuen) iuvāre [1]
erholen, sich sē recreāre [1]
erinnern, sich (an) meminisse [meminī] (+2) (Verb def), reminīsc|ī [3, -or] (+2) (Dep)
erkältet sein perfrīgēsc|ere [3, -ō]
Erkältung perfrīcti|ō [3, -ōnis] (f)
erklären explicāre [1]
erlauben per|mittere [3, -mittō, -mīsī, -missum]
Erlaubnis permissi|ō [3, -ōnis] (f)
erlaubt: es ist ~ (jdm.) licet (+3)
erlaubt: es ist ~ lic|et [-uit, -itum est] (unpers)
Ermäßigung dēminūti|ō [3, -ōnis] (f)
erneuern (wiederherstellen) renovāre [1]
erörtern (diskutieren) disputāre [1]
Ersatzteil par|s [3, -tis] (f) subsidiāria
Erscheinung (äußere) habit|us [4, -ūs] (m) (externus)
erschießen manūballistā necāre [1]
erschöpft (müde) fatīgātus
Ertrag (Frucht) fruct|us [4, -ūs] (m)
erzählen nārrāre [1]
Erzähler nārrāt|or [3, -ōris] (m)
Erzählung nārrāti|ō [3, -ōnis] (f)
Esoterik acroāticae ratiōnis studium [2]
essen edere [3, edō, ēdī, ēsum]
Etage tabulātum [2]
etwa ferē (Adv)
etwas aliquid (Pron), paulum (Adv)

F

Fabrik fabrica [1]
Faden fīlum [2]
Fähre pont|ō [3, -ōnis] (m)
fahren vehere [3, vehō, vēxī, vectum]
Fahrkarte tessera [1] vectōria
Fahrplan hōrārum tabula [1]
Fahrpreis pretium [2] itineris
Fahrrad birota [1]
Fahrzeug vehiculum [2], autocīnēticum [2]
Fall (auch: Unfall) cās|us [4, -ūs] (m)
falsch falsus
Familie familia [1]
Familienname nōm|en [3, -inis] (n) gentīle
Fan admīrāt|or [3, -is] (m) studiosissimus, fautō|r [3, -ris] (m)

Farbe col|or [3, -ōris] (m)
Farbfilm pellicula [1] multicolōr
Fastfood fercula [2] (n pl) prōmpta
faul (Obst) pūtidus
faul (träge) īgnāvus, piger
fehlen (abwesend sein) abesse [absum, āfuī]
fehlen (nicht anwesend sein) dē|esse [-sum, -fuī]
Fehler (Defekt) dēfect|us [4, -ūs] (m)
Fehler (Schreib-, Rechen-) mendum [2]
Fehlerkorrektur ēmendāti|ō [3, -ōnis] (f)
Fehlerprotokoll ind|ex [3, -icis] (m+f) mendōrum
Fehlleistung: Freudsche ~ paraprāx|is [3, -is] (f) Freudiāna
Feier festum [2]
Feierabend fīn|is [3, -is] (m) operis diurnī
feiern celebrāre [1]
Feiertag diēs [5, diēī] (m) fēstus
feilschen dē pretiō conten|dere [3, -dō, -dī, -tum]
Feld (Acker) ag|er [2, -rī] (m)
Fenster fenestra [1]
Ferien fēri|ae [1, -ārum] (f pl)
fern remōtus
Fernbedienung tēlemoderāti|ō [3, -ōnis] (f)
Fernsehen tēlevīsi|ō [3, -ōnis] (f)
Fernsehgerät īnstrūmentum [2] tēlevīsificum
Fernseh-Show varium spectāculum [2] tēlevīsificum
Fernsehspiel spectāculum [2] tēlevīsificum
fertig parātus
Fest fēstum [2]
fest firmus
Festspeicher conditōrium [2] fixum
feststehen cōnst|āre [1, -ō, -itī]
Festzelt tentōrium [2] fēstīvum
fett (dick, feist) pinguis
feucht madidus
Feuer īgn|is [3, -is] (m)
Feuerwehr sīphōnāri|ī [2, -ōrum] (m pl)
Fieber febr|is [3, -is] (f)
File (Computerdatei) datōrum collēctāculum [2] ēlectronicum
Film (Foto) pellicula [1] phōtographica
Film (Kino) pellicula [1] cīnēmatographica, taeniola [1]
Filmkamera māchina [1] cīnēmatographica
finden in|venīre [4, -veniō, -vēnī, -ventum]
Finger digitus [2]
finster, dunkel tenebrōsus
Fisch pisc|is [3, -is] (m)
fixen medicāmentum stupefactivum ini|cere [5, -ciō, -ēcī, -ectum] (+3)
Flasche lagoena [1]
Fleisch car|ō [3, -nis] (f)
fleißig industrius
Fliege musca [1]
fliegen volāre [1]
flirten palpāre [1]
Flucht fuga [1]
Flughafen āeroport|us [4, -ūs] (m)
Flugticket tessera [1] āeronautica
Flugzeug āeronāv|is [3, -is] (f), āeroplanum [2]
Flugzeugträger nāvis [3, -is] (f) āeroplānigera
Fluss fluvius [2]
folglich (also, daher) igitur (Kj)
Folklore mōr|ēs [3, -um] (m pl) genticī
Formular fōrmula [1]
fortführen (fortsetzen) continuāre [1]

fortgehen dīgre|dī [5, -dior, -ssus sum]
Foto imāg|ō [3, -inis] (f) phōtographica
Fotoapparat māchina [1] phōtographica
Fotografie imāg|ō [3, -inis] (f) phōtographica
fotografieren phōtographāre [1]
Frage quaesti|ō [3, -ōnis] (f)
fragen (suchen) (jdn.) quae|rere [3, -rō, -sīvī, -sītum] (+4)
Frau fēmina [1], muli|er [3, -eris] (f)
Fräulein dominula [1]
frei līber
Freiheit lībert|ās [3, -ātis] (f)
fremd (ausländisch) aliēnus
Freude gaudium [2]
freuen, sich gaudēre [gaudeō, gavīsus sum] (semidep)
Freund amīcus [2]
Freundin amīca [1]
freundlich cōmis, benīgnus
Freundschaft amīcitia [1]
Frieden pāx [3, pācis] (f)
Friedenstruppen (UN) Nātiōnum Ūnītārum copiae [1] (f pl) paciferae
frieren frīgēre [2, frigeō]
frisch (Obst) recēn|s [2, -tis]
Frohe Ostern! Laetum diēm paschālem (tibī/vōbīs precor)!
fröhlich laetus
Fröhliche Weihnachten! Laetum nātālem Dominī (tibī/vōbīs precor)!
Frucht frūct|us [4, -ūs] (m)
Fruchtsaft sūcus [2] frūctuārius
früh mātūrus
Frühjahrsmüdigkeit langu|or [3 -ōris] (m) vērnus
Frühling vēr [3 vēris] (n)
frühlingshaft vērnus
Frühstück ientācūlum [2]
frühstücken prandēre [2, prandeō, prandī, prānsum]
fühlen (empfinden) sen|tīre [4, -tiō, -sī, sēnsum]
fühlen, sich val|ēre [2, -eō, -uī]
führen (an-, leiten) dū|cere [3, -cō, -xī, ductum]
Führung ducāt|us [4, -ūs] (m)
für prō (Präp +5)
fürchten, sich (vor) tim|ēre [2, -eō, -uī] (+ 4) (trans/reflex)
Fuß pēs [3, pedis] (m)
Fuß: zu ~ gehen pedibus īre [eō, iī, itum]
Fußball pedifoll|is [3, -is] (m)
Fußballplatz campus [2] pedifolliī
Fußballspiel pedifollium [2]
Fußballspieler lūs|or [3, -ōris] (m) pedifollis

G

Gabel fuscinula [1]
Galgenhumor lep|ōs [3, -oris] (m) amārus
ganz (Adj) tōtus
Garten hortus [2]
Gartenzwerg nānus [2] hortēns|is [-is]
Gas gāsum [2]
Gasse angiportum [2]
Gast convīva [1] (m)
Gästegeschenke (für d. Gäste) apophorēta [2] (n pl)
Gastfreundschaft hospitium [2]
Gastgeber convīvāt|or [3, -ōris] (m)
Gasthaus dēversōrium [2]
Gastmahl convīvium [2]

Gaststätte caupōna [1], taberna [1] dēversōria
Gebäck crustum [2]
Gebäude aedificium [2]
geben dare [1, dō, dedī, datum]
Gebirge mont|ēs [3, -ium] (m pl)
Gebühr impēns|ae [1, -ārum] (f pl)
Geburt gen|us [3, -eris] (n)
Geburtstag di|ēs [5, -ēī] (m) nātāl|is [-is]
Gefahr perīculum [2]
gefährlich perīculōsus
gefallen (gefällig sein) (jdm.) plac|ēre [2, -eō, -uī, -itus] (+3)
Gefängnis carc|er [3, -eris] (m)
Gefäß vās [3, vāsis] (n)
Gefühl sēns|us [4, -ūs] (m)
gegen (etw./jdn.) contrā (Präp +4)
Gegend regi|ō [3, -ōnis] (f)
gegenüber contrā (Adv)
gehen īre [eō, iī, itum est]
Geist (Seele) animus [2]
gelangen (ankommen) per|venīre [4, -veniō, -vēnī, -ventum]
Geld pecūnia [1]
Gemäldegalerie pinacothēca [1]
Gemüse (h)ol|us [3, -eris] (n)
gemütlich placidus
genau dīligēn|s [-tis]
genug (recht, sehr) satis (Adv)
Gepäck sarcinae [1] (f pl)
geradeaus dīrēctē (Adv)
gern (mit Vergnügen) libenter (Adv)
Gerücht (Ruf) fāma [1]
Geschäft (Handel) negōtium [2], commercium [2]
Geschäft (Laden) taberna [1]
Geschäft (Tätigkeit) negōtium [2]
Geschenk dōnum [2]
Geschichte (Ereignisse) rēs [5, rērum] (f pl) gestae
Geschichte (Erzählung) fābula [1]
Geschichte (Wissenschaft) historia [1]
Geschlecht (grammatisches) gen|us [3, -eris] (n)
Geschlecht (Verwandtschaft) gēns [3, gentis] (f)
geschlossen clausus
Gesellschaft societ|ās [3, -ātis] (f)
Gesetz lēx [3, lēgis] (f)
Gesicht faci|ēs [5, -ēī] (f)
Gespräch colloquium [2]
gestern herī (Adv)
gesund sein va|lēre [2, -eō, -uī]
gesund sānus
Gesundheit sānit|ās [3, -ātis] (f)
Getränke pōtulenta [2] (n pl)
Gewicht pond|us [3, -eris] (n)
Gewitter tempestā|s [3, -tis] (f)
gewöhnen, sich (an) as|suēscere [3, -suēscō, -suēvī, suēscum] (+5)
Gewürz condīmentum [2]
Gift venēnum [2]
Giftschlange ser|pēns [3, -pentis] (m+f) venēnifer
Glas (Material) vitrum [2]
Glas (Trink-) pōculum [2]
glatt, schlüpfrig lūbricus
Glatteis glaci|ēs [5, -ēī] (f) lūbrica
glauben crē|dere [3, -dō, -didī, -ditum]
Gleis (Bahn-) bīnae orbitae [1] (f pl)
Glück fortūna [1]
glücklich fēlī|x [2, -cis]
Glückliches Neues Jahr! Annum novum faustum (tibī/vōbīs precor)!
Gold aurum [2]
Gott Deus [2]
Gramm grammum [2]

Grammatik li|ber [2, -bri] (m) grammaticus
Gras grām|en [3, -inis] (n)
gratulieren (jdm.) grātul|āri [1, -or, -ātus sum] (Dep) (+3)
Grenze fīn|is [3, -is] (m)
Grippe grippa [1]
groß māgnus
Größe (Kleidung u. ä.) norma [1] vestiāria
Größe (mathemat.) quantit|ās [3, -ātis] (f)
Größe (numerisch + räumlich) māgnitūd|ō [3, -inis] (f)
Gruppe grex [3, gregis] (m)
Gruß salutati|ō [3, -ōnis] (f)
grüßen (begrüßen) salutāre [1]
gültig validus
gültig (rechtskräftig) ratus
gut bonus
Guten Abend! Bonum vesperum!
Guten Appetit! Bene comede!, Comedīte!
Guten Morgen! bonum māne!
Guten Tag! Avē!, Bonum diem!
Gymnasium (Sportplatz/-schule) gymnasium [2]

H

Haar (einzelnes) pilus [2]
Haar capillus [2]
haben (besitzen) hab|ēre [2, -eō, -uī, -itum]
Hafen port|us [4, -ūs] (m)
Hagel grand|ō [3, -inis] (f)
Hälfte dīmidium [2]
Hallo! Heus!
Hals collum [2]
halten sub|sistere [3, -sistō, -stitī]
Haltestelle stati|ō [3, -ōnis] (f) vehiculōrum
Hand man|us [4, -ūs] (f)
Handel mercātūra [1]
Happening extemporāl|is [-is] ācti|ō [3, -ōnis] (f)
hart dūrus
hauchen (ausatmen) aspīrāre [1]
Hauptspeise cēna [1]
Haus dom|us [4, -ūs] (f)
Heavy Metal-Band grex musicorum „Metallum grave“
heben tollere [3, tollō, sustulī, sublātum]
Heftpflaster cērātum [2]
Heimwerker autūrgus [2]
heiraten (Frau einen Mann) nū|bere [3, -bō, -psī, -pta] (+3)
heiraten (in die Ehe führen) (Mann eine Frau) in mātrimōnium dūcere [3, dūcō, dūxī, ductum] (+4)
heiß aestuōsus
Heißhunger appetīt|us [4, -ūs] (m) canīnus, būlīmus [2]
hektisch hecticus
helfen (jdm.) subven|īre [4, -iō, -ī, -tum] (+3)
hell clārus, lūcidus
heran-/herbeiführen ad|dūcere [3, -dūcō, -dūxī, -ductum]
herbeirufen advocāre [1], arcess|ere [3, -ō, -īvī, -ītum]
Herbst autumnus [2]
Herr dominus [2]
Herrin domina [1]
hervorragend excellenter (Adv)
Herz cor [3, -dis] (n)
herzlich benīgnus
heute Abend hodiē vesperī
heute Nachmittag hodiē post merīdiem
heute hodiē (Adv)
hier hīc (Adv)
Hilfe auxilium [2]
Hilfe! Auxiliō!
hinausgehen, aussteigen ēgre|dī [3, -dior, -ssus sum]

hinten ā tergō
hinter post (Präp +4)
Hit carm|en [3, -inis (n) triviāle clārissimum
hoch altus
Hochzeit nuptiae [1] (f pl)
hoffen spērare [1]
höflich cōm|is [-is], urbānus
Hollywood Rūscisilva [1]
Holz lignum [2]
hören aud|īre [4, -iō, -īvi, -ītus]
Hotel dēversōrium [2]
Hund/Hündin can|is [2, -is] (m+f)
hungern ēsur|īre [4, -iō]
Hurrican tȳphōn [3, -is] (m)
hüten, sich (in Acht nehmen) ca|vēre [2, -veō, cāvī, cautum] (+4)
Hygiene ar|s [3, -tis] (f) hygiēnica

I

IC (Intercity) trām|en [3, -īnis] (n) interurbānum
ICE trām|en [3, -īnis] (n) interurbānum Eurōpaeum
im Jahre ... nach Christi Geburt annō post Chrīstum nātum (Abk.: p. Chr. n.)
immer semper (Adv)
impfen vaccīnum in|icere [5, -iciō, -iēcī, -iectum]
in (örtl.) in (Präp +5)
in (zeitl.) in (Präp +4)
Industrie industria [1] quaestuōsa
Information īnfōrmāti|ō [3, -ōnis] (f)
informieren (sich/jdn.) certiōrem facere [5, faciō, fēcī, factum]
Insekt īnsectum [2]
Insel īnsula [1]
insgesamt, überhaupt omnīnō (Adv)
Intercity (IC) trām|en [3, -īnis] (n) interurbānum
interessant (Eifer/ Interesse erregend) studia excitān|s [2, -tis]
interessieren, sich (für) stud|ēre [2, -eō, -uī] (+ 3)
international internātiōnāl|is [-is]
Internet rēticulāti|ō [3, -ōnis] (f pl) computātōria internātiōnāl|is [-is]
Internetcafé cafēum [2] (aptum ad ūsum) rēticulātiōn|is [-is] computātōriae internātiōnāl|is [-is]
irgendeiner ali|quis [-qua, -quid]
irgendetwas aliquid

J

ja (gewiss) certē (Adv)
Jäger vēnāt|or [3, -ōris] (m)
Jahr annus [2]
Jahreszeiten cardin|ēs [3, -um] (m) temporum
Jahrhundert (Zeitalter) saeculum [2]
jährlich quotannīs (Adv)
jeder quisque
jedesmal semper (Adv)
jemand aliquis
jener ille
jetzt noch etiam (Adv)
jetzt nunc (Adv)
Jumbo Jet āeroplanum [2] capācissimum
Junge puer [2, -ī] (m)
Junggeselle cael|ebs [2, -ibis] (m)

K

Kaffee cafea [1] (Arabica)
Kalb vitula [1]
kalt frīgidus
Kampfhund pyctēs [1, -ae] (m) canīnus [2]
kaputt dēlētus
Karte chartula [1]
Kasse (allg.) arca [1]
Kasse (Kino-/Theater-) ōstiolum [2] tesserārium

kaufen emere [3, emō, ēmī, ēmptum]
kennen (kennen lernen) nōscere [3, nōscō, nōvī, nōtum]
kennen lernen cōg|nōscere [3, -nōscō, -nōvī, -nitum]
Keyboard synthes|is [3, -is] (f) plēctrōrum
Kind (Klein-) inf|āns [3, -antis] (m+f)
Kinder līber|ī [3, -ōrum] (m pl)
Kino cīnēmatographēum [2]
Kirche ecclēsia [1]
Kirmes pāgānālia [1] (n pl) annua
Kleidung vest|is [3, -is] (f)
klein parvus
Klosett sēcess|us [4, -ūs] (m)
klug prūd|ēns [-entis]
Kneipe caupōna [1]
Knochen os [3, ossis] (n)
Knochenbruch frāctum [2]
kochen co|quere [3, -quō, -xī, -ctum]
Koffer sarcina [1]
Koma cōma [3, comatis] (n)
kommen ven|īre [4, -io, vēnī, -tum]
Komplize socius [2] crīminis
kompliziert intrīcātus
Kondom (Schutzhülle) tegumentum [2]
können posse [possum, potuī]
Konsul pūblicus prōcūrāt|or [3, -ōris] (m)
Konsulat aed|ēs [3, -is] (f) cīvium prōcūrātōris
Kontrolle īnspectiō [3, -nis] (f)
kontrollieren recōg|nōscere [3, -nōscō, -nōvī, -nitum]
Konzert concentus [2] mūsicus
Kopf cap|ut [3, -itis] (n)
kosten (Preis) cōnst|āre [1, -ō, -itī] (+5)
kosten (probieren) dēgustāre [1] (+4)
kostenlos grātuītus
kräftig sein val|ēre [2, -eō, -uī]
kräftigen recreāre [1]
kraftlos, schlaff īgnāvus
krank (schwach) īnfirmus
krank aeger
Krankenhaus valētūdinārium [2]
Krankenversicherung assēcūrāti|ō [3, -nis] (f) aegrōtōrum
Krankheit morbus [2]
Kräuter herbae [1] (pl)
Kreuzung quadrivium [2]
Kugelschreiber stilus [2] sphaerātus
kühl frīgidus
Kühlschrank frīgidārium [2]
Kunst ar|s [3, -tis] (f)
kurz brevis
Kuss ōsculum [2]
küssen ōscul|ārī [1, -or] (Dep)

L

lächeln subrīd|ēre [2, -eō]
lachen (über etw.) rī|dēre [2, -deō, -sī, -sum] (+4)
lächerlich rīdiculus
Lage (geogr.) sit|us [4, -ūs] (m)
Laken lōd|īx [3, -icis] (f)
Lamm agnus [2]
Lampe lampa|s [3, -dis] (f) electrica
Land (nicht Stadt) rūs [3, rūris] (n)
Land terra [1], cīvit|ās [3, -ātis] (f)
Landkarte tabula [1] geōgraphica
Landschaft regi|ō [3, -ōnis] (f)
Landwirtschaft rēs [5, reī] (f) rūstica, agricūltura [1]
lang (Entfernung) longus
lang (zeitl.) diūturnus
langhaarig acrocomus

langsam lentus, tardus
langweilig molestus
Laptop computātrum [2] mōbile
Lärm strepit|us [4, -ūs] (m)
Lärmbelästigung molestia [1] strepitūs
lärmen, toben strep|ere [3, -ō, -uī]
Last (Gewicht) on|us [3, -eris] (n)
last but not least nihilōminus (Adv)
lästern (schmähen) male|dīcere [3, -dīcō, -dixī, -dictum]
Lastwagen plaustrum [2]
lateinisch Latīnus
laufen (rennen) currere [3, currō, cucurrī, cursum]
laut strep|ēns [2, -entis]
leben vī|vere [3, -vo, -xī]
Leben vīta [1]
Lebensmittel alimenta [2] (n pl)
ledig (Frau) nūptam nōn esse [sum, fuī]
ledig (Mann) cael|ebs [-ibis]
leer vacuus
legen pōnere [3, pōnō, posuī, positum]
Legitimation lēgitimāti|ō [3, -ōnis] (f)
leicht (nicht schwer) levis
leihen (sich) mūtu|ārī [1, -or] (Dep)
leiten (an der Spitze stehen) prae|esse [-sum, -fuī]
lernen di|scere [3, -scō, -dicī]
lesen legere [3, legō, lēgi, lēctum]
Leute populus [2]
Licht lū|x [3, lūcis] (f)
lieb cārus
lieben amāre [1]
Liebling dēlici|ae [1, -ārum] (f pl)
Lied carm|en [3, -inis] (n)
liegen iac|ēre [2, -eō, -uī]
links (ā) sinistrā
Loch forām|en [3, -inis] (n)
Löffel cochle|ar [3, -āris] (n)
Lohn (Gehalt) mercē|s [3, -dis] (f)
loslassen (verlieren) āmi|ttere [3, -ttō, -sī, -issum]
Luftballon pila [1] ventāria
lügen ment|īrī [4, -ior, -ītus sum]
lustig laetus

M

machen facere [5, faciō, fēcī, factum]
machohaft iacanter virīl|is [-is]
Mädchen puella [1]
Magen stomachus [2]
malen pingere [3, pingō, pīnxī, pictum]
manchmal interdum (Adv)
Mann vir [2 -ī] (m)
Markt forum [2]
Maschinengewehr sclopētum [2] māchināl|e [-is]
Maulkorb vinculum [2] rōstrī
Mautgebühr vectīg|al [3, -ālis] (n) viae
Medienbranche disciplīna [1] īnstrūmentōrum commūnicatiōnis
Medikament medicām|en [3, -inis] (n)
Meer mar|e [3, -is] (n)
Meeting occurs|us [4, -ūs] (m)
mehr magis (Adv)
Meldezettel (im Hotel) schedula [1] īnscrīptiōnis
Menge (Quantität) multitūd|ō [3, -inis] (f) [+2], cōpia [1]
Mensch hom|ō [3, -inis] (m)
menschlich hūmānus
Menü ōrd|ō [3, -inis] (f) cēnae

merken, sich memoriae mandāre [1]
Messer cult|er [2, -rī] (m)
mieten con|dūcere [3, -dūcō, -dūxī, -ductum]
Milch lac [3, lactis] (n)
Minute minūta [1]
mit cum (Präp +5)
Mittag merīdi|ēs [5, -ēī] (m)
Mittagessen prandium [2]
Mitternacht media nox [3, noctis] (f)
Mobiltelefon tēlephōnum [2] mōbil|e [-is]
Mode mōs [3, mōris] (m) recentissimus
möglich, es ist ~, dass ... fierī potest ut ... (+ Konj)
Monat mēns|is [3, -is] (m)
Monatsblutung (Frauen) mēnstruāti|ō [3, -ōnis] (f)
Mord homicīdium [2]
morgen (am nächsten Tag) crās (Adv)
morgen Abend crās vēspere
morgen früh crās māne
Morgen: am ~ (morgens) māne
Motor mōtōrium [2]
Motorboot automatārium nāvigium [2]
Motorrad autobirota [1]
Motorroller autovolūculum [2]
müde (erschöpft) fatīgātus
Müll pūrgāmenta [1] (n pl)
Mund ōs [3, ōris] (n)
Museum mūsēum [2]
Music Charts (der Top Twenty Hits) tabellārium [2] mūsicum (vīgintī summārum cantilēnārum)
Musik mūsica [1]
Muskel mūsculus [2]
müssen (auch: schulden) dēb|ēre [2, -eō, -uī, -itum]
Muttertag di|ēs [5, -ēī] (m) mātrum

N

nach (Richtung) in (Präp +4), ad (Präp +4)
nach (Richtung/Zeit) post (Präp +4)
nach Hause domum (Adv)
nach links sinistrōrsum (Adv)
Nachbar vīcīnus [2]
Nachmittag temp|us [3, -oris] (n) postmerīdiānum
Nachricht nūntius [2]
nächste Woche proxima septimānia [1]
nächstes Mal proximō tempore
Nacht nox [3, noctis] (f)
Nachtbus autoraeda [1] longa nocturna
nächtlich nocturnus
Nachtlokal taberna [1] nocturna
Nachttopf matella [1], matula [1], scaphium [2], lasanum [2]
nackt nūdus
Nadel ac|us [4, -ūs] (f)
nah propinquus
Nähe: in der ~ (bei) apud (Präp +4)
Nahrung (Speise) cibus [2]
Name nōm|en [3, -inis] (n)
nämlich enim (Adv)
Nase nāsus [2]
nass (feucht) madidus
Nationalität nātiōnālitā|s [3, -tis] (f)
Natur nātūra [1]
natürlich (nicht künstl.) nātūrāl|is [-is]
Nebel nebula [1]
neben iūxtā (Präp +4)
nehmen sūm|ere [3, -ō, -psī, -ptum]
Nein (als Antwort) Nōn.
nennen (ansprechen) appellāre [1]
Nerv nervus [2]
neu novus
neugierig cūriōsus
nicht einmal nōndum (Adv)

nicht wissen nesc|īre [4, -iō]
nicht nōn (Adv)
nichts nihil
Nickerchen somniculus [2]
niedrig humil|is [-is]
niemals numquam (Adv)
niemand nēmō
nirgendwo/-wohin nusquam (Adv)
noch (auch) etiam (Adv)
noch einmal dēnuō (Adv)
noch nicht nōndum (Adv)
nochmals etiam (Adv)
Norden septentriōn|ēs [3, -um] (m pl)
normal nōrmāl|is [-is]
Notebook cōdicillus [2] computātōrius
notwendig necessārius
Nummer numerus [2]
nun (jetzt) nunc (Adv)
nur so viel tantum (Adv)
nur sōlum (Adv)
Nuss nulx [3, -cis](f)
nützen prōd|esse [-sum, -fuī]

O

ob sī (Kj)
oben suprā (Adv)
Obst pōma [2] (n pl)
oder aut [Kj]
offen (geöffnet) apertus
öffnen (aufdecken) aper|īre [4, -iō, -uī, -tum]
oft saepe (Adv)
ohne sine (Präp +5)
Ohnmacht (Bewusstlosigkeit) animī dēfecti|ō [3, -nis] (f)
Ohr aur|is [3, -is] (f)
Ohrenschmerz aurium dol|or [3, -ōris]
Öl oleum [2]
Olive olīva [1]
Operation operāti|ō [3, -ōnis] (f) medica [1]
Organ membrum [2], organum [2]
organisieren organizāre [2]
Ort (Platz, Stelle) locus [2]
Oscar (Filmauszeichnung) praemium [2] Ānsgāriānum
Osten ori|ēns [2, -entis] (m)
Österreicher Austriācus [2]
Österreicherin Austriāca [1]
Ozonloch forām|en [3, -inis] (n) ozōnosphaerae

P

paar (einige) nōnnūlli [1]
Paar pār [3, pāris] (n)
Päckchen fasciculus [2]
Paket fasc|is [3, -is] (m) cursuāl|is [-is]
Palast domus [4, -ūs] (f) rēgia
Panne damnum [2]
Papier (Blatt) charta [1]
Park viridārium [2]
parken collocāre [1]
Party pervigilium [2]
Pass syngraphum [2]
Patient aegrōtus [2]
Pause intervallum [2]
Person persōna [1]
Persönlichkeit (Rolle, Maske) persōna [1]
Pfefferminze mentha [1] piperīta
pfeifen sībilāre [1]
Pferd equus [2]
Pflanze planta [1]
pflücken carp|ere [3, -ō, -sī, -tum]
Piercing (das Stechen) puncti|o [3, -onis] (f)
Plan (Absicht, Rat) cōnsilium [2]
plappern (quatschen) blaterāre [1]
Plattdeutsch lingua [1] īnferiōris Germāniae
Platz (Ort, Stelle) locus [2]
Platz locus [2]
Platzkarte tessera [1] sēdis reservātae
plötzlich subitō (Adv)
Politik polītica [1]

Polizei pūblicae sēcūritātis praefectūra [1]
Pop Song cantilēna [1] vulgār|is [-is]
Porto vectūrae pretium [2]
Postamt diribitōrium [2] cursuāle
Postkarte chartula [1] cursuāl|is [-is]
Preis pretium [2]
privat prīvātus
Problem quaesti|ō [3, -ōnis] (f)
Programm programma [1]
Prospekt libellus [2]
Prost! Auf deine Gesundheit Bene tē!
Puls puls|us [3, -ūs] (m) m
Punker punkianae catervae assecla [1] (m)
Punksänger punkianārum cantiunculārum cant|or [3, -ōris] (m)
pünktlich in tempore (Adv)

Q

Qualität quālitā|s [3, -tis] (f)
quatschen (plappern) blaterāre [1]

R

Radiogerät radiophōnum [2]
Rat cōnsilium [2]
Rathaus cūria [1]
Rätsel aenigma [3, -tis] (n)
rauben (be-) spoliāre [1]
Räuber latr|ō [1, -ōnis] (m)
rauchen fūmāre [1]
Raum spatium [2]
Raumschiff nāv|is [3, -is] (f) sīderāl|is [-is]
rechnen (be-) computāre [1]
Rechnung rati|ō [3, -ōnis] (f)
Recht iūs [3, iūris] (n)
rechts (ā) dextrā
reden ōrāre [1]
Regen imb|er [3, -ris] (m), pluvia [1]
Regenschirm umbrella [1]
registrieren re|perīre [4, -periō, -pperī, -pertum]
regnen: es regnet pluit (unpers)
reich dīv|es [-itis]
reichlich largiter (Adv)
reif mātūrus
Reife mātūritā|s [3, -tis] (f)
Reifen canthus [2] (pneumaticus)
Reise it|er [3, -ineris] (n)
Reisebüro sēd|ēs [3, -is] (f) periegetica
reisen iter facere [3, faciō, fēcī, factum]
Reisepass syngraphus [2] viātōrius
rennen (laufen) currere [3, currō, cucurrī, cursum]
reparieren reparāre [1]
reservieren (buchen) praeoccupāre [1]
Restaurant lauta caupōna [1]
Rettungswagen curr|us [4, -ūs] (m) valētūdinārius
richtig rēctus
Richtung curs|us [4, -ūs] (m)
riechen (stinken) ol|ēre [2, -eō, -uī]
roh rud|is [-is]
rollen (drehen, winden) vol|vere [3, -vō, -vī, -ūtum]
Röntgenaufnahme radiogramma [1]
Rose rosa [1]
Rücken tergum [2]
Rückfahrt redit|us [4, -ūs] (n)
Rucksack pēra [1]
rückständig obsolētus
rufen (schreien) vocāre [1]
Ruhe ōtium [2]

S

Sache rēs [5, reī] (f)
sagen dīcere [3, dīcō, dīxī, dictum]
Salat (Kopf-) lactūca [1]

Salbe unguentum [2]
sammeln col|ligere [3, -ligō, -lēgī, -lēctum]
Sand arēna [1]
satt satiātus
Satz (Grammatik) sententia [1]
sauber machen pūrgāre [1]
sauber mundus
sauer (Geschmack) acidus
sauer (Stimmung) saevus, īrātus
Schallplatte discus [2] sonān|s [-tis]
scharf (Geschmack) acutus, āc|er [-ris], asper
scharf (Messer) acutus, āc|er [-ris]
scharf (Verstand) sagā|x [-cis]
scharf (Worte) asper, mordā|x [-cis]
Scheck assīgnāti|ō [3, -ōnis] (f) argentāria
Scheibenwischer vitritergium [2]
Scheidung dīvortium [2]
scheinen (strahlen) radiāre [1]
Schere forf|ex [3, -icis] (m+f)
schicken (senden) mittere [3, mittō, mīsī, missum]
schießen sclopetāre [1]
Schiff nāv|is [3, -is] (f)
schlafen dorm|īre [4, -iō, -īvī, -ītum]
schlaff, kraftlos īgnāvus
Schlafsack saccus [2] dormītōrius
Schlafzimmer dormītōrium [2]
schlagen percu|tere [3, -tiō, -ssī, -ssum]
schlecht (böse) malus
schließen clau|dere [3, -dō, -sī, -sum]
Schloss (Gebäude) rēgia [1]
Schloss (Verschluss) claustra [2] (n pl)
Schlüssel clāv|is [3, -is] (f)
schmackhaft dēlicātus
Schmerz dol|or [3, -ōris] (m)
Schmerz empfinden (über/wegen) dol|ēre [2, -eō, -uī] (+4, de +5)
schmerzen (jdn) (intrans) dol|ēre [2, -eō, -uī] (+3)
Schmuck ōrnāt|us [4, -ūs] (m)
schmutzig lutulentus, sordidus
Schnee nix [3, nivis] (f)
schnell celer [-is]
Schnupfen gravēd|ō [3, -inis] (f)
schon iam (Adv)
schön pulch|er
Schönheitspflege ar|s [3, -tis] (f) cosmētica
schreiben scrī|bere [3, -bō, -psī, ptum]
schreien (rufen) vocāre [1]
Schuh calceus [2]
schuldig noxius
Schule schola [1]
Schulschwänzer dyscolicus [2]
Schulschwänzerin dyscolica [1]
schwanger gravida
Schwein porcus [2]
schweigen tac|ēre [2, -eō, -uī, -itum]
Schweizer Helvētius [2]
Schweizerin Helvētia [1]
schwer (nicht leicht) grav|is [-is]
schwierig difficil|is [-is]
schwimmen natāre [1]
schwitzen sūdāre [1]
See (der) lac|us [4, -ūs] (m)
Seele (Geist) animus [2]
sehen vidēre [2, videō, vīdī, vīsum]
Sehenswürdigkeiten rēs [5, rērum] (f pl) aspectābiliōr|ēs [-um]/ admīrābilēs
sehr (stark, heftig) valdē (Adv)
sehr (überaus) nimis (Adv)

Sei/seid gegrüßt!, Guten Tag! Salvē/salvēte!
Seide bombȳ|x [3, -cis] (m)
Seife sāp|ō [3, -ōnis] (m)
Seil fūn|is [3, -is] (m)
sein (Hilfsverb) esse [sum, fuī]
seit wann? ex quō tempore?
seit ex (Präp +5), ab (Präp +5)
Seite (Richtung) par|s [3, -tis] (f)
Sekunde secunda [1]
selbst ipse [1]
selten rārus
Serviette mappa [1]
setzen, sich cōn|sīdere [3, -sīdō, -sēdī, -sessum]
sicher sēcūrus
siegreich vict|or [-ōris]
Silber argentum [2]
singen cantāre [1]
Single sōlitārius [2], sōlitāria [1]
sitzen sedēre [2, sedeō, sēdī, sessum]
sitzen/passen (Kleidung) sedēre [2, sedeō, sēdī, sessum]
SMS officium [2] nūntiīs brevibus, ONB (Abk.)
so (beschaffen) ... wie tālis ... quālis
so ... wie tam ... quam
so ita
sofort statim (Adv)
solch(e, -er, -es) tāl|is [-is]
Solidaritätszuschlag solidāritātis vectīgāl [3, -is] (n) additionale
sollen dēb|ēre [2, -eō, -uī, -itum]
Sommer aestā|s [3, -tis] (f)
Sommerkleid vestīmentum [2] aestīvum
Sommerschlussverkauf dīvenditi|ō [3, -ōnis] (f) aestīvālis
Sommersprosse ephēli|s [3, -dis] (f)
Sonne sōl [3, -is] (m)
SOS! Servāte Animās Nostrās!
sparen parcere [3, parcō, peperci] (+3)
spät (Adj) sērus
spät (Adv) sērō
spazieren gehen ambulāre [1]
Speise cibus [2]
Speisekarte ind|ex [3, -icis] (m+f) cibōrum
Spiel lūdus [2]
Spielautomat automatum [2] lūsōrium
spielen lū|dere [3, -dō, -sī, sum]
Spielfilm pellicula [1] cīnēmatographica fābulār|is [-is]
Spielkasino dom|us [4, -ūs] (f) āleātōria
Spielzeug oblectāmentum [2] puerōrum
Spionage explōrāti|ō [3, -ōnis] (f)
Spitzname cōgnōm|en [3, -inis] (n) ioculāre
Sport ars [3, artis] (f) āthlētica
Sportabzeichen īnsīgn|e [3, -is] (n) āthlēticum
Sporthalle aula [1] āthlētica
Sportler lūs|or [3, -ōris] (m), vir [2, virī] (m) gymnicus
Sportlerin lūstr|ix [3, -īcis] (f)
Sprache (Zunge) lingua [1]
Spray āerosolum [2]
sprechen (reden) loquī [3, loquor, locūtus sum] (Dep)
sprechen dīcere [3, dīcō, dīxī, dīctum]
Spritze sīph|ō [3, -ōnis] (m)
Spülmaschine māchina [1] ēlutōria
Staat rēs [5, reī] (f) publica, cīvitā|s [3, -tis] (f)
Staatsangehörigkeit nātiōnālitā|s [3, -tis] (f)

Stadt urb|s [3, -is] (f)
Städtepartnerschaft geminae [1] (f pl) cīvitātēs
stark sein va|lēre [2, -eō, -uī]
stark fort|is [-is]
Staubsauger aspīrātrum [2] pulveris
Steckdose capsa [1] contāctūs
stehen stāre [1, stō, stetī]
stehlen fūrārī [1, fūror] (Dep)
Stein lap|is| [3 -idis] (m)
Stelle (Ort, Platz) locus [2]
stellen (setzen, legen) pōnere [3, pōnō, pōsuī, positum]
sterben (an) mor|ī [5, -ior, -tuus sum] (+5) (Dep)
Stereoanlage apparāt|us [4, -ūs] (m) stereophōnicus
Stil (Architektur) strūctūrae gen|us [3, -eris] (n)
Stimme vōx [3, vōcis] (f)
stinken ol|ēre [2, -eō, -uī]
Stoff textum [2]
Stoppuhr chronoscopium [2]
stören turbāre [1]
Strafe poena [1]
Strand līt|us [3, -oris] (n)
Strandkorb sella [1] lītōral|is [-is]
Straße strāta [1]
Straßenbahn trānsviāria raeda [1]
streben (eilen, verlangen) pet|ere [3, -ō, -īvī, -ītum]
Streichholz rāmentum [2] sulphurātum
Streichorchester chorus [2] fidicinus
streiten lītigāre [1]
Stress contenti|ō [3, -ōnis] (f) ēnervan|s [-tis]
stressig onerōsissimus
Striptease nūdāti|ō [3, -ōnis] (f) dēlicāta
Stück par|s [3, -tis] (f)
Stunde hōra [1]
Sturm procella [1]
suchen (fragen) quae|rere [3, -rō, -sīvī, -sītum]
Süden merīdi|ēs [5, -ēī] (m)
Summe summa [1]
Supermarkt supervēnālicium [2]
Suppe sorbiti|ō [3, -ōnis] (f)
Suppe (Tüten-, Fertig-) iūs [3, iūris] (n) prōmpte cōnfectum
süß dulc|is [-is]
Sweatshirt camisia [1] sudario

T

Tabak tabacum [2]
Tablette pāstillus [2]
Tag diēs [5, diēī] (m)
Tagesgericht ferculum [2] diurnum
täglich cottīdiānus
Taille cinctus [2]
Tal vall|is [3, -is] (f)
Tampon obtūrāmentum [2]
Tankstelle taberna [1] benzīnāria
tanzen saltāre [1]
Tarifvertrag contract|us [4, -ūs] (m) collēctīvus
Tasche (an der Kleidung) sin|us [4, -ūs] (m)
Tasche (Hand-) sacculus [2]
Taschentuch linteolum [2]
Taste drücken plēctrum [2] dēpr|imere [3, -imo, -essī, -essum]
Tattoo Thrēiciae notae [1] (f pl)
Taxi taxiraeda [1]
Teamwork commūni|ō [3, -ōnis] (f) operis
Tee thea [1]
teilen dī|videre [3, -vidō, -vīsī, -vīsum]
Telefon tēlephōnum [2]
Telefonbuch catalogus [2] tēlephōnicus

Telefongebühr taxa [1] tēlephōnica
Telefongespräch tēlephōnicum colloquium [2]
telefonieren tēlephōnāre [1]
Telefonnummer numerus [2] tēlephōnicus
Telefonverbindung tēlephōnica cōnexi|ō [3, -ōnis] (f)
Telefonzelle cella [1] tēlephōnica
Telegramm tēlegramma [1]
Termin diēs [5, diēī] (f)
Terrorist tromocrat|ēs [1, -ae] (m)
teuer (von großem Preis) māgnī pretiī
teuer (lieb, wert) cārus
Theater theātrum [2]
tief (a.: hoch) altus
Tiefgarage receptāculum [2] subterrāneum
Tiefkühlkost cibī [2] (m pl) congelātī
Tier anim|al [3, -ālis] (n)
Tod mor|s [3, -tis] (f)
Todesstrafe poena [1] capitis
Toilette (Ort) locus [2] sēcrētus
Toilettenpapier charta [1] hygiēnica/pūrgātōria
tot mortuus
töten necāre [1]
Tourist peregrīnus [2]
Tradition trāditi|ō [3, -ōnis] (f)
tragen ferre [ferō, tulī, lātum]
Tramper (Anhalter) petītor [3, -ōris] (m) convectiōnis
trauern, leiden dol|ēre [2, -eō, -uī]
traurig trīst|is [-is]
treffen (begegnen) (jdn.) congre|dī [5, -dior, -ssus sum] (cum +5, inter se) (Dep)
trennen sē|iungere [3, -iungō, -iūnxī, -iūnctum]
trennen, sich dīgre|dī [5, -dior, -ssus sum]
Treppe scāl|ae [1, -ārum] (f pl)
trinken bib|ere [3, -ō, -ī]
Trinkgelage cōmissāti|ō [3, -ōnis] (f)
Trinkgeld corōllārium [2]
trocken (dürr) āridus
Tschüss! Valē! / Valēte!
tun (handeln) agere [3, agō, ēgī, āctum]
Tür (Tor, Pforte) porta [1]
Turm turr|is [3, -is] (f)

U

U-Bahn ferrivia [1] subterrānea
üben exerc|ēre [2, -eō, -uī, -itum]
über (örtl.) suprā (Präp +4)
überall ubīque (Adv)
überaus (dringend) māgnopere (Adv)
Überholverbot praetervecti|ō [3, -ōnis] (f) interdicta
übermorgen perendiē
Überschallgeschwindigkeit vēlōcitā|s [3, -tis] (f) supersonica
überschreiten trāns|īre [-eō, -iī, -itum]
übersetzen (Sprache) ad verbum trāns|ferre [-ferō, -tulī, -lātum]
übertreffen (siegen) superāre [1]
überwachen (bewachen) custō|dīre [4, -diō, -divī, -dītum]
Überweisung pecūniārum trānslāti|ō [3, -ōnis] (f)
übrig(geblieben) (Adj) reliquus
Uhr (Stunde/Uhrzeit) hōra [1]
Uhr (Wand-) hōrologium [2] pēnsil|e [-is]

Umgebung vīcīna regi|ō [3, -ōnis] (f)
Umleitung circuit|us [4, -ūs] (m)
umsteigen mūtāre [2] vehiculum
umsteigen (in) trāns|cendere [3, -cendō, -cendī, -cēnsum] (in +4)
umtauschen permūtāre [1]
Umweg circuit|us [4, -us] (m)
Umwelt rēs [5, reī] (f pl) externae
Umweltverschmutzung inquināmentum [2] rērum nātūrae
unbekannt īgnōtus
und et (Kj), -que
unentschieden lūdus [2] ancep|s [-itis]
Unfall (Fall) cās|us [4, -ūs] (m) viārius
Unfall accidentia [1], cās|us [4, -ūs] (m)
Universität studiōrum ūniversitā|s [3, -tis] (f)
unschuldig innocēn|s [-tis]
unten īnfrā (Präp +4)
unter sub (Präp +4)
Unterbewusstsein subcōnscientia [1]
untergehen oc|cidere [3, -cidō, -cidī]
Unterhaltung (Gespräch) colloquium [2]
Unterhaltung (Zerstreuung) rēs [5, -rērum] (f pl) oblectābilēs
Unterkunft hospitium [2]
unterrichten (lehren) doc|ēre [2, -eō, -uī, -tum]
unterschreiben subscrī|bere [3, -bō, -psī, -ptum]
unterstützen (helfen) ad|iuvāre [1 -iuvō, -iūvī, -iūtum]
unverheiratet (nur für Männer) cael|ebs [2, -ibis]
Urlaub peregrīnāti|ō [3, -ōnis] (f) voluptāria
Urteil (Gericht) iūdicium [2]

V

Vegetarier vegetārius [2]
verabreden, sich (mit) com|pōnere [3, -pōnō, -posuī, -positum] (cum +5)
Verabredung cōnstitūtum [2]
verabschieden, sich dis|cēdere [3, -cēdō, -cessī, -cessum]
Verbandsmull tēla [1] dēpūrata
verboten sein interdictum [1] esse [sum, fuī]
Verbrechen scel|us [3, -eris] (n)
Verbrecher malefact|or [3, -ōris] (m)
Verbrennung combūsti|ō [3, -ōnis] (f)
verdienen mer|ēre [2, -eō, -uī, -itum]
vergessen oblī|vīscī [3, -vīscor, -tus sum] (Dep)
vergnügen, sich dēlect|ārī [1, -or, -ātus sum] (Dep)
Vergrößerung amplificāti|ō [3, -ōnis] (f) phōtographica
verirren, sich itinere [3] deerrāre [1]
verkaufen vēnd|ere [3, -ō, -idī, -itum]
Verkehrsstau coacervāti|ō [3, -ōnis] (f) autocīnētōrum
Verkehrssünder peccāt|or [3, -ōris] (m) viātōrius
verlangen (eilen, streben) pet|ere [3, -ō, -īvī, -ītum]
verlassen (zurücklassen) re|linquere [3, -linquō, līquī, -lictum]
verleihen (an) mūtuum dare [1, dō, dedī, datum] (+3)
verletzen (verwunden) vulnerāre [1]
verletzt vulnerātus

Verletzung vuln|us [3, -eris] (n)
verlieben, sich (in) amōre [3] cap|ī [5, -ior, -tum] (in +2)
verlieren perd|ere [3, -ō, -idī, -itus]
vermieten cenāculāriam [1] exerc|ēre [2, -eō, -uī, -itātum]
Vermittlung intercessi|ō [3, -ōnis] (f)
Vernunft rati|ō [3, -ōnis] (f)
Versicherung assēcūrāti|ō [3, -ōnis] (f)
Versicherungspolice testimōnium [2] assēcūratiōnis
verspäten, sich serō venīre [4, veniō, vēnī ventum]
versprechen, sich in dicendō errāre [1]
verstehen (begreifen) intel|legere [3, -legō, -lēxī, -lēctum]
verstopfen obstr|ūere [3, -uō, -ūxī, -ūctum]
Verstopfung cōnstīpāti|ō [3, -ōnis] (f) alvī
versuchen temptāre [1]
verzeihen (vergeben) īgnō|scere [3, -scō, -nī, -nōtum]
Verzeihung (Nachsicht, Gnade) venia [1]
Video magnētoscopium [2]
viel (Adj) multus
vielleicht fortasse (Adv)
Vogel av|is [3, -is] (f)
Volk populus [2]
voll (Adj) plēnus
von (über) dē (Präp +5)
vor ante (Präp +4)
vorbereiten praeparāre [1]
vorgestern nudiūs tertius (Adv)
vorher anteā (Adv)
Vormittag temp|us [3, -ōris] (n) antemerīdiānum
Vorname praenōm|en [3, -inis] (n)
vorne ā frōnte
vorschlagen pro|pōnere [3, -pōnō, -posuī, -positum]
Vorspeise prōmuls|is [3, -idis] (f), gūstāti|ō [3, -ōnis] (f)
vorstellen (Imagination) cōgitāre [1]
vorstellen, sich osten|dere [3, -dō, -dī, -tum]
Vorwahlnummer praesēlēctōrius numerus [2]

W

Wagen vehiculum [2]
wahr vērus
während dum (Kj)
Wald silva [1]
Wand pari|ēs [3, -etis] (m)
wandern migrāre [1]
wann? quandō?
Ware mer|x [3, -cis] (f)
warm (heiß) calidus
warten exspectāre [1]
warum? cūr?
was? quid?
waschen lavāre [1]
Wasser aqua [1]
Watte byssus [2]
WC (Wasserklosett) sella [1] ēlūtōria
wechseln commūtāre [1]
wecken excitāre [1]
Weg (Straße) via [1]
wegen propter (Präp +4)
wegfahren (-bringen) āv|ehere [3, -eho, -ēxī, -ēctum]
weiblich fēminīnus
weil cum (Kj + Konj)
weinen lacrimāre [1]
weit lātus
wenig paulum (Adv)
wenn sī (Kj)
wer? quī? (m), quae? (f), quod? (n)
Werbung pervulgāti|ō [3 -ōnis] (f) commendātīcia
werden fierī [fiō, factus sum]
Werktag diēs [5, diēī] (m) profēstus
wessen? cūius?

Westen occidēn|s [3, -tis] (m)
Wetter tempestā|s [3, -tis] (f)
wichtig māgnus
wie (Vergleich) quam
wie? (auf welche Weise?) quōmodo?
wie viel? (adjektivischer Gebrauch) quanti? (m), quantae? (f), quanta? (n)
wie viel (von etwas)? quantum? (+2 pl)
wieder (hin)sehen revid|ēre [2, -eō]
wieder etiam (Adv)
wieder iterum (Adv)
wiederholen repet|ere [3, -ō, -īvī, -ītum]
Wildschwein sus [2] scrofa
Wind ventus [2]
Winter hiem|s| [3 -is] (f)
Winterreifen canthus [2] (m) hiemālis
Wintersport āthlētica [1] hīberna
Wirbelsturm turb|ō [3, -īnis] (m)
wissen (verstehen) scīre [4, sciō, scīvī, scītum]
wo? ubī?
Woche hebdomada [1], septimāna [1]
woher? unde?
wohin? quō?
wohnen habitāre [1]
Wohnung aed|ēs [3, -is] (f), habitāti|ō [3, -ōnis] (f)
wollen velle [volō, voluī]
Wort verbum [2]
Wörterbuch lexicon [2] (n)
Wunde vuln|us [3, -eris] (n)
Wundverband vulneris alligāti|ō [3, -ōnis] (f)
wünschen dēsīderāre [1]
WWW (World Wide Web) computātōria rēticulāti|o [3, -ōnis] (f) mundāna

Y

Yacht lembus [2] lūsōrius

Z

Zahl numerus [2]
zahlen (ab-/erlösen, befreien) sol|vere [3, -vō, -vī, -ūtum]
zählen (rechnen) numerāre [1]
Zahn dēn|s [3, -tis] (m)
Zähne putzen dentēs fricāre [1]
Zahnpasta dentāria pasta [1], dentifricium [2]
Zahnstocher dentiscalpium [2]
zeigen mōnstrāre [1]
Zeit temp|us [3, -oris] (n)
Zeitalter (Jahrhundert) saeculum [2]
Zeitung diurn|a [2, -ōrum] (n pl)
Zelt tentōrium [2]
Zentrum medium [2]
Zigarette sigarellum [2]
Zimmer conclāv|e [3, -is] (n)
Zoll (auf Waren) vectīg|al [3, -ālis] (n)
Zoll (inch) digitus [2]
Zollabfertigung expedītiō [3, -nis] (f) telōnial|is [-is]
Zollamt telōneum [2]
zollfrei immūn|is [-is] vectīgālis
zu (an, bei) ad (Präp +4)
zu (nach) (Richtung) in (Präp +4)
Zucker saccharum [2]
zufrieden contentus
Zug (von Menschen agm|en [3, -inis] (n)
Zug (Eisenbahn) trām|en [3, -īnis] (n)
Zunge lingua [1]
zurück retrō (Adv)
zurück-/umkehren rever|ti [3, -tor, -tī, -sus sum] (Dep)
zusammen (zugleich) simul (Adv)
zusammenhalten con|tinēre [2, -tineō, -tinuī, -tentum]
zwischen inter (Präp +4)
Zwischenmahlzeit prandium [2]

Die Autorinnen

Gisela Frense, geboren 1949, hat Kunst, Psychologie und Anglistik studiert. Sie beschäftigt sich seit 30 Jahren mit der lateinischen Sprache und seit fast 20 Jahren auch mit der Vermittlung derselben. Etliche Schüler hat sie aus echter Verzweiflung gerettet und durch das Latinum begleitet; einige sind sogar Lateinliebhaber geworden und unterrichten jetzt selbst. Nach mehreren Auslandsaufenthalten (Pakistan, Kanada, England) arbeitet sie heute als Mentorin für Latein, Englisch und Deutsch und lebt in der Nähe von Bielefeld.

Dagmar da Silveira Macêdo, geboren 1968, ist Dipl.-Medienberaterin und hat Kunstgeschichte, Anglistik und Archäologie studiert. Sie hofft, mit diesem Band besonders Schülern einen leichteren Zugang zum Lateinischen zu öffnen. Ihr selbst war und ist Latein immer wieder eine große Hilfe: bei Auslandsaufenthalten und speziell bei Reisen nach Italien, Frankreich, Portugal, Brasilien und beim Erlernen einer lateinischen Tochtersprache. Sie lebt und arbeitet als freie Autorin in Bielefeld.

Wir möchten uns ganz herzlich bei Stefan Mense und Jürgen Schlosser bedanken, die uns bei der Vorbereitung zu diesem Buch durch nützliche Tipps und konstruktive Anregungen und Korrekturen geholfen haben. Vielen Dank!